吉原直樹・堀田 泉 編

交響する空間と場所 I

# 開かれた都市空間

大澤善信

笹島秀晃

高橋早苗

菱山宏輔

石沢真貴

高橋雅也

松本行真

法政大学出版局

交響する空間と場所Ⅰ　開かれた都市空間◉目次

## 第Ⅱ部　ゆらぐ都市的世界

交響する空間と場所Ⅱ　創られた都市空間◉目次

# 序　場所から空間へ

吉原直樹

## 一　場所から空間へ

グローバル化の進展とともに、穴だらけの国境をものともしないヒト、モノ、コトのフローとネットワークが社会の前景に立ちあらわれている。ちなみに、(二〇一四年段階で未だ確認されていないものの) すでに二〇〇六年時点で二〇一〇年までに他国への合法的な入国者数が延べ一〇億人に達すると推計されているし、工業製品のさまざまな部品が世界中からジャスト・イン・タイムで配送されるようになっている。またそうしたヒトやモノの動きは地球環境に甚大な影響を及ぼしている。さらにインターネットが信じられない速さで全方位的に広がっている (Urry 2007: 3-5)。カステルによると、新しいミレニアムへの到達時点でインターネットのユーザー数は一〇億人に達しているという（カステル 二〇〇九）。

ところで、以上のようなボーダレスなヒト、モノ、コトのフローとネットワークによって国民国家と相同的に存在していた場所の基盤が大きくゆらぐようになっている。ベンヤミンによると、場所は独自の「アウラ」を有している、という（ベンヤミン 一九九五）。考えてみれば、そうした「アウラ」は、近代を通して、内向化された歴史とアイデンティティに依拠する地図学的なトポス（＝「線引きされた真正な場所」〔Cresswell 2002: 12〕）を下支えするものとしてあった。だがここに来て、そうしたアウラないし独自性（＝真正性）が社会の後景にしりぞくようになっている。かわって前景に立ちあらわれているのが、先のフローとネットワークに支えられた空間である。ここで想起されるのは、場所を秩序化され安定したものとして、そして空間を動きと速さによってとらえるド・セルトーの立場である（ド・セルトー 一九八七）。詳述はさておき、そこでは色濃い定住主義《セデンタリズム》と自然主義のもとにある場所を向こうにして、空間が動きつつある推移体（space on the move）としてとらえられている。[1]

グローバル化にともなう以上のような場所と空間の布置構成《コンステレーション》は、コミュニティのありようにも深い影をおとしている。ちなみに、これまで社会学分野において支配的にみられたコミュニティ論の要となるもの（「コミュニティ」の意味）を、ベルとニュービーは次のように述べている

（ただし、ここではUrry〔2007: 163〕より引用）。

第一は、地誌学的な意味でのコミュニティである。これは地理的近接に基づく居住地を指すものである……。

第二は、ローカルな社会システムとしてのコミュニティである。そこでは、社会集団やローカルな制度組織による、局所的で相対的に境界付けられたシステミックな相互関係が見られる。

第三は、感情の交わりである。つまり、コミュニティのメンバー間に見られる人格に基づく強い紐帯、帰属意識、温かさを特徴とする人間同士の結びつきである。……これは、「感情」としてのコミュニティである。

だが今日、こうした要素を欠いているコミュニティが数多く立ちあらわれている。バーチャルなモノや通信が溢れ出ているいま、緊密で「ともにある《コ・プレゼント》」、居住地にみられる「結びつき」が必ずしもコミュニティを構成する要件とはならないのである。たとえば、しばしば強調される上記の感情の交わりにしても、必ずしも特定の居住によってもたらされるものではない。むしろ、インターネットを介してのよそのやりとりとから生じることが多い。いずれにせよ、線引きされた場所よりも、先に一瞥した多様なフローとネットワークに支えられた空間に根ざすコミュニティが躍動している。

## 二　「社会を越える都市」の機制

さてあらためて指摘したいのは、そうした「バーチャルなコミュニティ」が「徘徊的、交差的、複合的ハイブリッド」（アーリ 二〇〇六：七）からなる流動体としての性格を帯びるグローバル化から派生しているということである。実はこうしたグローバル化の進展とともに、自己再生産的な力を有すると見なされてきた「社会」の存立基盤がむしばまれ、「社会」／国民国家の境界維持能力が著しく減衰している。そしてこれまで国家に同定され、国家に統合されてきたコミュニティも、従来のままでは存続し得なくなっているのである。詳述はさておき、ここで課題として浮上しているのは、国家の「調整者」としての役割が多重的で「パフォーマティブなシチズンシップ」（オルブロウ 二〇〇〇：二八七）や高度にメディア化された公的舞台、あるいは「全世界を貫くフローの総体を……条理化する〔線引きして区分する〕」（Deleuze and Guattari 1986: 59. 但し、〔 〕内は筆者挿入）ことへとシフトするのにともなって、コミュニティもまた自らの立ち位置を再確認／再審しなければならなくなっているということである。以下、この見定めの作業をさしあたり都市レベルに移して進めることにする。

今日、私たちの視界に入ってくる都市、とりわけヒト、モノ、コトなどの中枢拠点が謂集する都市は、多くの交差的ネットワークと競合する権力、さらに多元的な言語コミュニティが存在する場としてである。つまり都市がこれまでとは異なる社会的含意を担いながら、あらたな社会的位相の下に立ちあらわれているのである。

考えてみれば、都市は長い間、そこから社会を見おさめる望楼としてあった。かつて矢崎武夫が「統合機関」としてとらえた都市は、まさにそのようなものとしてあった（矢崎 一九六三）。整合的で統合的な国民国家が出現する近代以降、都市は「社会／国家のなかの都市」としての性格をますます強めることになった。そうした「社会／国家のなかの都市」は、バウマンのいう「造園国家」に符節をあわせるものであった。平たくいうと、個々の植物にとっての適切な生育条件を把握し、それに基づいて庭園の維持・管理に全体的にかかわるように、国家が社会のパタン、規則性、秩序化に腐心し、社会を全体的にまとめようとするにつれて（バウマン 一九九五）、国家に仕切られ、「中心‐周辺」の円環の構造に閉じていく、それ自体、集権的な権威主義システムによって裏打ちされた「社会／国家のなかの都市」が登場することになった。そしてそれゆえにこそ、この「社会／国家のなかの都市」は、「中心、権力の集中、垂直的なヒエラルキー、フォーマル、インフォーマルな構成を伴う」（アーリ 二〇〇六：五九―六〇）構造のメタファーの役割を担ったのである。

だがこの間のグローバル化は、国民国家の内部でみられた対抗軸の境目を流動化させながら、自らの裡にあらたにさまざまな対立と協働の契機を埋め込んで進展してきた。そしてそうしたグローバル化のもとに、空と電子の多重的なネットワークに根ざす「社会を越える都市」が出現している。この「社会を越える都市」を貫く機制は、都市そのものが脱コンテクスト化される一方で、距離や領域的な拡がりが瞬時に解消されていく空間の現在性／世界性に制約されている。そして何よりも、「社会を越える都市」はナショナルな枠組みの「脱全体化」の担い手である点に最大の特徴がある。先に一瞥した「バーチャルなコミュニティ」がこうした「社会を越える都市」に深く投錨していることはいうまでもない。

ここであらためて注目されるのは、上述の「社会を越える都市」の出現が、国家の変容、すなわち国家がバウマンの言う「造園国家」から、諸々の活動を規制／調整し、個々の猟場で狩りをするのに十分な資源を確保することに専らかかわる「猟場番人」へとシフトすること（バウマン 一九九五）に／と共振もしくは共進していることである。詳述はさておき、ここから既述した「社会／国家のなかの都市」の権力／知の布置構成とは明らかに異種のものである「社会を越える都市」のありようを観て取ることができる。

## 三　ポストコロニアルの地層

さて「社会を越える都市」の立ち位置ということでいうと、ネーション、エスニシティ、国家などといった、これまでどちらかというと線引きされ、静的なものととらえられてきたものよりも、移民やディアスポラ、あるいは流動性の高いシチズンシップなどが主役に躍り出る頻度や可能性が確実に高まっている。「社会を越える都市」は、境界づけられた「社会」にかかわりなく、異質な文化、慣習、思考様式、さらに価値観が出会い、異種混淆するところで、多重的なアイデンティティを形成しながら非定常的で非線形的なスケイプ（伏景）をつくり出していく。こうして「社会／国家のなかの都市」が「周辺」を「中心」へと呑み込んでいく際の誘導燈のような役割を果たしたのにたいして、「社会を越える都市」は「周辺」を離接化し、脱中心的に節合《アーティキュレイト》していく際の〈触媒〉のような役割を果たしているのである。

ちなみに、コーエンはこうした役割を透かしてみせながら、世界／コミュニティの「ディアスポラ化」とともに、異質性、差異性、多様な移動性が謂集する世界都市の〈現在性〉を浮き彫りにしている（コーエン二〇〇一）。アーリはといえば、あらためてそこに現代のさまざまなポストコロニアルの関係のありようを検討する際の鍵のようなものを見出している（Urry 2007: 35）。たしかに、そこにポストコロニアルに特有の分水嶺《ディバイド》が潜んでいることは否めない。考えてみれば、「社会／国家のなかの都市」もさまざまな格差や不平等を抱え込んでいた。しかしそれらの多くは「国内現象」として取り扱われ、いわゆる「中心と周辺」の円環構造のなかで処理された。その際、国民国家に同定されたシチズンシップ、つまりナショナル・シチズンシップが選別とともに包摂《インクルージョン》という点できわめて重要な役割を果たしたことはいうまでもない。

しかし「社会を越える都市」では、多種多様なフローにたいするアクセスや社会的資源（社会関係資本も含む）の布置構成においてみられる不均衡な状態は容易に「平衡」に向かうことはなく、むしろ「滝状の連鎖的な流れ」（Papastergiadis 2000: 102-4）となって溢れ出る。もはやここではナショナル・シチズンシップは有効ではない（機能しない）。だからこそ、「荒れ果てた地帯」や「恐怖の文化」が「飛び地のランドスケイプ」として「社会を越える都市」に埋め込まれることにもなるのである。いずれにせよ、こうしてみると「中心と周辺」の機制に回収されない不均衡な状態はコロニアルの地層に根ざしながらも、ポストコロニアルに特有のものとしてあるといえる。問題は、ここでいわれる不均衡な状態の基底をなす個別化の相が、裕福な層には他者と「ともにある《コ・プレゼント》」機会の叢生となってあらわれ、そうでない層には、ばらばらの情報の単位として再構成され、専ら「身体検査社会」に埋め込まれるにすぎないということである（Urry 2007）。

## 四　「フローの空間」化、そして主体の流動化

とはいえ、こうした差異的な個別化の具体相／文脈は、それほど簡単に索出できるわけではない。さしあたり、「社会を越える都市」がその基層においてつくりだしている、カステルのいう「フローの空間」化と主体の流動化を通して、そうした個別化の具体相／文脈をさぐることにする。そこでは、これまで述べてきた「社会を越える都市」は「情報都市」としてある。文字通り情報通信ツールを装備した「情報都市」は、メディア・テクノロジーを駆使したユビキタスネットワークによって浸潤されており、そのことでデータベースが交差し集積する場になるとともに、需要ネットワーク装置のスペクタクル空間と化している。そこでは、ボーダレスな、リアルタイムの交信がみられるとともに、脱コンテクスチャルで自己言及的な電子メディアがすみずみまで

行きわたっている。そして従来の市民的公共圏を特徴づけていた親密な人間関係は見る影もなく失せており、諸個人は先にみた個人化の闇のなかに押しやられている。そのため、人びとは大量の情報や知識を内蔵した一連の情報通信ツールに依存することによってしか自己のアイデンティティを形成することができない。ともあれ、通常いわれる社会的なつながりは、他者とのコミュニケイティヴな関係を通してではなく、「記号、マシーン、テクノロジー、テクスト……との複合的な相互接続」（アーリ 二〇〇六：二四―二五）のなかでつくり出されるのである。

だからといって「情報都市」がまったく空しいというのではない。そこでは予想もしなかったような「できごと」や新たな形の交流が生み出されている。また、信頼に満ちた関係を育む、物理的近接に基づかない「ともにある《コ・プレゼント》」機会も育んでいる。ここであらためて注目されるのは、その背後に見え隠れする、絶えず脱統合化／脱中心化され、途方もなく拡散した意識と身体からなる主体である。それは主体の流動化、抽象化が「フローの空間」化と共進しながら極限状態に達して表出したものである。そのこと自体、偶発的で離接的な秩序化の契機をはらみながら、中心点も組織化原理も階層性もないハイブリッドとしての「社会を越える都市」を特徴づけるものとなっているが、より重要なのは、異種混交的な空間に内在する開放性⇕非排除性を示していることである。まさに「開かれた都市空間」としての面目躍如たるものがある。

だが、この「開かれた都市空間」はアモルフなカオスの空間に特有の差異的な個人化（再掲）に加えて、監視化といった事態も伴っている。そしてこの点に鋭意に着目するなら、「社会を越える都市」／「開かれた都市空間」がきわめて両義的な空間であることがわかる。もっとも、それはポストモダニゼーションの過程とシンクロしており、その具体的な空間相を析出することはそれなりに厄介な作業である。何よりもポストモダニゼーションをどうとらえるかが問われる。そこで、節をあらためて、二人の論者に寄り添ってポストモダニゼーションの内実をさぐってみる。

## 五　空間の商品化、消費の空間化

まず、ズキンのいう「リミナリティ（異質性）の空間」についてみてみよう。ズキンによれば、それは「公的なもの」と「私的なもの」、文化と経済、さらに場所と市場がせめぎあいながら、前者が後者に凌駕（代替・置換）されていくランドスケイプのことをさしている（Zukin 1991）。バーバーに倣っていうと、ひたすら「私化」（privatization）／商業化に向かう「モール化」の結果として立ちあらわれる「建造環境」（built environment）のことである。それはみたところ、公的な空間としての多機能性や多目的性を宿しているようにみえるが、実態としては「私化された公共的空間」(privatized public space)としてある。そこでは、ルールなき巨塊＝超高層の建造環境が固有の風景《ヴァナキュラーなもの》となっている(斎藤 二〇〇五:一三九)。

次に、ハーヴェイの主張に耳を傾けてみよう。ハーヴェイがフレキシブルな蓄積体制のもとでのポストモダニティの状況をあらわすものとして着目するのは、安定的とみなされるフォーディズム的な美学が、はかなさや差異、さらにスペクタクル、流行、文化形態の商品化を賞賛／首肯するポストモダニズム的な美学に取って代わられるという事態であり、それと連動した消費モードである(ハーヴェイ 一九九九)。このような消費モードのもとで、人びとはTシャツをまとい、スマートフォンに興じる。また組織のウェブ・ページを開いたり、イコン的な人物のビデオを購入したりする。ちなみに、アーリはそこに「代理的で流動的な『ネットワーク・メンバーシップ』の感覚」が見え隠れしている、と指摘している(アーリ 二〇〇六:七八)。

さて、東京についていうと、指摘されるようなスペクタクル、流行、文化形態の商品化を宿した「モール」型の空間はたしかに出現している。しかしそこでは、バブル期までは残っていた視角の通路《ビューコリドー》がすっかり遮断されていて、多様性や多元性がコスメティック(お化粧＝表層的)なものでしかなくなっている。鳴物入りのスペクタクル空間は政治から完全に切り離されており、演じることができるのは、せいぜい公認されたパフォーマンスだけである。ともあれ、ヴィジョン抜き、イデオロギー抜きのポストモダン都市が野放図に拡がっている。

だがここでは、ボーダレスなスペクタクルもしくはシミュラークルとしての空間がポストモダン都市の特性を示しているということよりも、むしろそうした空間が、資本のフレキシブルな蓄積様式によって創りだされた社会構造の所産であるということに目が向けられる。[2] 先に一瞥した「モール」型の空間ということでいえば、それはすぐれて資本の蓄積空間であり、空間の商品化、消費の空間化をデフォルメしたものとしてある。そしてそれが先端的に立ちあらわれているのがジェントリフィケーションであるといえる。今日、このジェントリフィケーションのもとでのさまざまに身体化されたパフォーマンスが「開かれた都市空間」を演出しているようにみえる。とはいえ、ジェントリフィケーションがそもそも資本の蓄積空間としての本性を宿すものであるかぎり、いくら「開かれた都市空間」に（自らを）同体化《カムフラージュ》しようとしてもかぎりがある。

今日、より明らかになっているのは、「開かれた都市空間」のもうひとつの側面である。ジェントリフィケーションがゲーテッド・コミュニティを帯同していることは、いまや多くの論者が指摘しているところであるが、この局面で無視できなくなっているのは、「開かれた都市空間」が監視のインフラを大々的に埋め込んでいるということである。なぜなら、そこから「開かれた都市空間」が富裕層を自己隔離するとともに、貧困層を排除するといった「閉じられた都市空間」に反転するといった事態を見定めることができるからである。だが、ポストモダン都市がもともと資本の蓄積空間を水脈としていることを想起するなら、「開かれた都市空間」と「閉じられた都市空間」は一方から他方へという文脈ではなく、一方は他方とともにあるという文脈で理解するのが適切であろう。ハーヴェイの言葉を援用すると、「開かれた都市空間」と「閉じられた都市空間」は「『共範的な（cogredient）』（相互に絡みあい相互に整合いあっている）もの」（ハーヴェイ 二〇一三：二七八）としてあるのだ。

いずれにせよ、ここでは「フローの空間」化と主体の流動化を主軸にして、「社会を越える都市」、そしてそこを通底するポストモダニゼーションの過程をみてきたわけであるが、大筋としては、資本の欲動に規定された空間の機制が「開かれたもの」として現象するとともに、「閉じられたもの」へと反転していることが確認された。同時に、以上述べてきたことを経験的にどう深めていくかということが問われていることを指摘しておきたい。

## 六　本書の構成

本書は二部構成となっている。まず第I部では、都市空間の「いま」をモダニティとかかわらせて論じる。この間、社会学にとどまらず社会科学は、モダニティと対峙してきた。未だ明確な答えは得られていないが、さまざまな論点が浮き彫りになっていることはたしかだ。

一章では、モダニティとしてのグローカル化に照準して、そのもとでの空間的な布置構成のありようが追及される。まず、空間が近代の扉のところで逡巡する相が国家とからみあう次元で描述される。次いで、一方での「世界社会」化、他方での個人化という形で立ちあらわれるグローカル化の機制に視線が移される。空間が近代に翻弄される状況から脱して社会の前景に立ちあらわれるのには、グローカル化の進展が与するところが大きいからである。そこではグローカル化が離接的なランドスケイプを伴いながら、それじたい、近代主義的な二分法と線形図式を超えるものとして述べられる。この場合、鍵となるのは、空間の「縮む」様態を三つのインスタンス(収斂、距離化〔／差異化〕、圧縮)でとらえることである。この章では、こうした把握の先に、グローバル＝ローカル空間の鏡像をモザイク、システム、ネットワークが交響する地平で描き出している。この章はI部の総論的な部分を成している。

二章では、カステルのいわゆる情報時代三部作を紐解きながら、まず、「ネット」と「セルフ」の対立の裡に、情報化社会の構造的特性がさぐられる。次いで、その構造的特性に宿る矛盾がどのようにして都市空間に立ちあらわれているかが検討される。その際、「フローの空間」と「場所の空間」という二つの概念が索出的役割をになっている。ここでは、こうした作業が上述の三部作のテキスト・クリティークによって遂行されている点に最大の特徴があるが、同時に三部作で言及されているエッジシティ、メガシティに「降り立って」検証していることも見逃せない。最後に本章では、現代の都市空間において前述した矛盾を再確認するとともに、「開かれた都市空間」への視座設定をおこなうために、ジェネリックシティ論に依拠しながら関連する論点の抽出に挑んでいる。そして「開かれた都市空間」の経験的地平が開示される。

次いで三章では、今日の都市空間において主要な問題構制《プロブレマチック》の一つとしてあるリスクの表出の「かたち」がセキュリティの政治化に即して、また犯罪や暴力の動向に照準して検討される。この検討作業は、主としてアメリカ、とりわけニューヨークをフィールドとしているが、そこではプライヴァタイゼーションの進展、空間的凝離の拡大、コミュニティの負荷増大、そして何よりも犯罪の増加と相まって、「社会」によるリスク管理が壁にぶつかっていることが明らかにされている。他方、そうした困難性の「上から」の一つの自覚化形態としてセキュリティの政治化がみられることが、そして都市空間の統制空間化（「監視空間」化）が進んでいることが言及される。同時に、こうした統制空間化の動向がいわゆる9・11を境に大きく変化していることが述べられる。そしてポスト9・11の新たな動向として、「社会」＝「都市空間」によるセキュリティ管理の動きが立ちあらわれつつあることが指摘されている。

最後に四章では、前章での「都市空間」のセキュリティ化の動向がモビリティのありようとかかわらせて論じられる。まず「境界」を打破し、再組成するモビリティが、空間への包摂をうながすセキュリティの可能性を拡げていることが指摘される。そしてこの文脈において、アメリカのゲーテッド・コミュニティの（境界再形成の）動向が検討される。同時に、近年、セキュリティの議論にかかわってきているコミュニタリアンの議論が有効でないことが指摘される。ここでは、鹿児島市の事例研究、バリの事例研究から得た知見を援用して地域セキュリティにおけるモーティリティの重要性が確認される。本章は、前章とは議論の組み立て方がまるで異なるが、前章で示唆された「社会」によるセキュリティ管理の可能性を開示するものであるといえる。ともあれ、編者が先に一瞥した「開かれた都市空間」の両義性が三、四章を通して浮き彫りになることが期待される。

さて第II部では、以上の展開を受けて、脱統合化し複層化する都市的世界のゆらぐ実相を三つの相において浮かび上がらせる。そこでは、「線引きされた静的なカテゴリーにたいする批判の中心となっている」（Urry 2007: 35）流動性を高めるシチズンシップ、文化変容、そして3・11以降の消費のありように照準されている。

まず五章では、国民国家に同定されてきた、編者のいう「社会／国家のなかの都市」に深く根をおろしてきたナショナルなシチズンシップのありようが再審に付される。そして社会的弱者にたいする不平等およびコミュニティにおける社会的排除がナショナルなシチズンシップに特有の問題構制であり続けてきたことが指摘される。その上で、ポストナショナルなシチズンシップへの転成の方向と可能性が「参加型福祉社会」および「社会的包摂」をめぐって論じられる。結局、「社会的なるもの」の再生（編者の言葉でいうと、再統合）が最重要の課題として提起され、それとのかかわりで新しい市民権、新しい市民社会、公共的空間の形成の場としての都市空間に熱いまなざしが向けられる。ここでは社会的シチズンシップの両義性が都市空間のありようを規定すること、そして編者のいう「社会を越える都市」の両義性とも響き合うことが間接的に示されている。

六章では、まず都市空間の文化変容が、場所の二つの立論構成に起因する都市空間のディレンマに底礎することが指摘される。そしてそうしたディレンマにたいして〈文化的なもの〉を介して行きつ戻りつして共振するのが「場所のナラティヴ」である、という。しかしこの「場所のナラティヴ」は、自己言及的な営みと他者性への関与を通して、さらに意味空間の変容を介して大きく揺れ動く。だから「場所のナラティヴ」は決して一元化せず、来歴の語りのバリエーションや都市の存立条件の「違い」によって多様化せざるを得ない。ここではその多様性／相克の相が、語り尽くされた「明け透けなナラティヴ空間」から語り尽くせぬ「交響するナラティヴ」への転移に即して解きあかされる。そして最後に、ナラティヴの異化作用に立ち戻って「場所のナラティヴ」の可能性を開示するような経験的研究の重要性が示唆される。

最後尾の七章では、3・11を経て立ちあらわれることになった都市空間とそこに深く根をおろす相互作用世界との乖離が、生活と消費の齟齬から説きおこされる。この生活と消費の齟齬は、戦後の消費空間を貫いてきたマーケティングの論理とそこに潜んでいた「危険」に起因するものであるが、グローバルな産業資本主導の都市空間の形成が差異的な相互作用をもたらし、「危険」を制御不可能なものにふくらませてしまった、という。ここでは、生活から離れてしまった消費をふたたび生活に包摂し、人びとの間で「危険の共有」を達成することが推奨されるが、そのきっかけとして多元的な文化が共存し、多様な個人が「出会う」ような生活のデザイン／リ・デザインをおこなうことが提案される。そうして土着や同化に閉じていかない、外に開かれた「あらたな根づきかた」の範型が示されることになるのである。

**註**

（1）とはいえ、「場所を排他的で文化的に均質な『閉じられた箱』」とみなすだけでなく、「開かれた多様なもの」と記述する立場も存在する（ハーヴェイ 二〇一三：三四二）。たとえば、場所を外部に対して透過的であるが、内部では途方もなく多様であるとするケーシーの立場はその典型例である（Casey 1997）。

そもそも「場所から空間へ」という問題設定自体、二分法的な発想から解き放つ必要がある。筆者が別のところで触れているように、場所をめぐっては今日、グローバル化に照準しながら、ローカリティの定位をめぐって三つの立場が派生している（吉原 二〇一一：二一五―二二〇）。

一つは、グローバル化は「全権全能」（アーリ）であり、ローカリティはそれにすっかり組み込まれているという議論に導かれながら立ちあらわれているものである。すなわち「資本主義による世界の構造化」（S・ホール）としてのグローバル化の進展の結果、場所は資本にとっての差異化戦略（つまり資本による場所間競争の高まり→場所性の強化）の拠点になっているという立場である（たとえば、ハーヴェイの立場はこれに近い）。この立場によると、場所のバリエーションに資本が敏感になるのは当然であるということになる。

それに対して、いまひとつの立場は、グローバル化によってローカリティが溶解していると捉え、そうしたグローバル化に対抗（事実上、回避）するものとして場所を「安定性やなんら問題のないアイデンティティの拠り所」と措定するものである。この立場は明らかにコミュニタリアニズム的色調を帯びており、「場所のまわりに線を引く」ハイデガーの立場を彷彿させるものである。今日、グローバル化のなかで触知可能なもの、個別具体的なものにたいする期待／願望が人びとの間で高まっているが、この第二の立場はこうした動きに共振するものであるといえる。

以上二つの立場は一見すると正反対のように見えるが、「ローカリティがグローバル化の一方向的な規定にさらされている」という認識を共有しているという点でいうと「遠くて、近い」関係にある。ところで近年、以上二つの論調に必ずしも回収されない第三の立場が力を得ている。それは一言でいうと、「場所の唯一性、つまりローカリティは、〔それ自体、グローバル化に攻囲されている〕社会的諸関係、社会プロセス、そして経験と理解がともに現前する状況のなかで、その特定の相互作用と相互の節合から構成される」とするマッシーの言説に象徴的にみられるものである。まさに人と人をつなげながら、それが外に開かれていく「創発的なもの」(the emergent) の機制に着目する立場である。平たくいうと、この立場は場所を単体としての領域的なものとしてではなく、常にゆらぐ関係的なものとして捉える点に最大の特徴がある。

筆者が場所というときには、さしあたりこの第三の立場を想到するのであるが、いうまでもなく、それは第一の立場、第二の立場の排除の上にあるのではなく、むしろ微妙に絡み合っている。ここで指摘しておきたいのは、本章において空間として述べられているものが、以上の場所論議と多少とも重なり合って展開されていることである。またそれゆえにこそ、「場所から空間へ」という問題設定は、やはり限定的な意味内容の下で有効であるということを噛みしめるべきであろう。

（2）ちなみに、ハーヴェイは、「絶え間ない流動状態にある」資本主義の空間は、「流通過程を加速させることと〔生産・交換・消費のスピードアップ〕」と「空間関係を変革すること〔蓄積のための新しい領土と地理的ネットワークを開拓すること〕」に底礎していると述べている（ハーヴェイ 二〇一三：二八二）。

## 参考文献


Casey, E. S. (1997) 'How to Get from Space to Place in a Fairly Short Stretch of Time: Phenomenological Prolegomena,' in Feld, S. and K. H. Basso (eds.), *Senses of Place*, Santa Fe: School of American Research Press.

Cresswell, T. (2002) 'Intoroduction: theorizing place,' in Verstraete, G. and T. Cresswell (eds), *Mobilizing Place, Placing Mobility*, Amsterdam: Rodopi.

Deleuze, G. and F. Guattari (1986) *Nomadology: The War Machine*, trans. B. Massumi, New York: Semiotext(e).

Urry, J. (2007) *Mobilities*, Cambridge: Polity Press.

Zukin, S. (1991) *Landscapes of Powers: from Detroit to Disney World*, Berkeley, CA: University of California Press.

アーリ、J（二〇〇六）『社会を越える社会学――移動・環境・シチズンシップ』吉原直樹監訳、法政大学出版局（J. Urry, *Sociology beyond Societies: mobilities for the twenty-first century*, London: Routledge, 2000）。

オルブロウ、M（二〇〇〇）『グローバル時代の歴史社会論――近代を超えた国家と社会』会田彰・佐藤康行訳、日本経済評論社（M. Albrow, *The Global Age*, Cambridge: Polity Press, 1996）。

カステル、M（二〇〇九）『インターネットの銀河系――ネット時代のビジネスと社会』矢澤修次郎・小山花子訳、東信堂（M. Castells, *The Internet Galaxy: Reflections on the Internet, Business, and Society*, Oxford: Oxford University Press, 2001）。

コーエン、R（二〇〇一）『グローバル・ディアスポラ』駒井洋監訳、明石書店（R. Cohen, *Global Diasporas: An Introduction*, London: UCL Press, 1992）。

齋藤純一（二〇〇五）「都市空間の再編と公共性」『岩波講座　都市の再生を考える1』岩波書店。

ド・セルトー、M（一九八七）『日常的実践のポイエティーク』山田登世子訳、国文社（M. de Certeau, *Arts de faire*, Paris: Union générale d'éditions, 1984）。

ハーヴェイ、D（一九九九）『ポストモダニティの条件』吉原直樹監訳、青木書店（D. Harvey, *The Condition of Postmodernity: An Enquiry into the Origins of Cultural Change*, Oxford: Blackwell, 1989）。

――（二〇一三）『コスモポリタニズム――自由と変革の地理学』大屋定晴、森田成也他訳、作品社（D. Harvey, *Cosmopolitanism and the Geographies of Freedom*, Columbia University Press, 2009）。

バウマン、Z（一九九五）『リキッド・モダニティ――液状化する社会』森田典正訳、大月書店（Z. Bauman, *Liquid Modernity*, Cambridge: Polity Press, 2000）。

ベンヤミン、W（一九九五）『ベンヤミン・コレクション1　近代の意味』浅井健二郎編訳、ちくま学芸文庫（W. Benjamin, *Illuminations*, trans. H. Zohn, Fontana, 1992）。

矢崎武夫（一九六三）『日本都市の社会理論』学陽書房。

吉原直樹（二〇一一）『コミュニティ・スタディーズ』作品社。


〔追記〕本稿は、拙稿「ポストモダンとしての地域社会」（古城利明監修『地域社会学講座2　グローバリゼーション／ポスト・モダンと地域社会』東信堂、二〇〇六年）をその後の研究によって得られた知見を踏まえて大幅に書き改めたものである。

# 第Ⅰ部　都市空間とモダニティ

# 第一章　グローバル化と空間の機制

大澤善信

## 一　場所から空間へ

### （一）空間の形態学

ノルベルト・エリアスによれば、文明化とは新しい生存空間の創造を習得することである。文明はより高い秩序の「生存単位《サバイバル・ユニット》」に結びつかないかぎり衰退せざるをえないのであって、「文明化の過程」とは「世界の歴史がより大きな生存単位に向かっていく全体的潮流」をいうのである（エリアス二〇〇〇：二五三）。

エリアスは、諸集団の相互関係・相互依存の連鎖や編み合わせ関係の拡大が無計画に進展する過程として、歴史を捉える。そして、その時代に固有なものとして画定される生存単位はそれぞれに「われわれ」と呼ばれる範疇を画定している。それが、われわれが「社会」と呼ぶものである。この社会＝生存単位がしだいにより包括的で複雑な型の人間組織へと進行する際に伴われる、ハビトゥスやマナーの洗練が文明化と呼ばれている。

エリアスがこのように文明化の過程を理論化したのは、中世封建制から近代国家の形成に到る時期に即してであった。そのために、生存単位という概念は、空間的に領域画定された社会が、より大きなスケールの領域社会に組み込まれていく過程と重ねられている。生存単位は領域画定された集団の生存空間、形態化された空間である。

生存単位は、そのなかで「われわれ」と「われ」を存立させる（エリアス 二〇〇〇：七）。「われわれ」とは、その生存単位としての人間像、すなわち社会像である。この「われわれ」と相関して、「われ」すなわち個人としての人間像＝個人像がある（エリアス 一九七七：〔上〕三二）。個人は「われ－アイデンティティ」と「われわれ－アイデンティティ」とをなんらかのバランスにおいて保持している。生存単位が他の高い秩序をもつ生存単位と結びつこうとする文明化の過程において、われ－われわれの関係の様式が変化する。「小さな緊密な集団」においては、デュルケムが機械的連帯概念で示したように、個人の人格構造はつねに他の人間に結びついており、個人はつねに「われわれ‐視点」から思考し行動する。近代社会では、「われ‐アイデンティティ」が、「われ‐われわれのバランス」において、「われわれ‐アイデンティティ」を明らかに凌駕している。この二つのアイデンティティは、ひとりの人間のハビトゥスの不可欠の構成要素を形成している。生存空間の分節に基づいて、自己とわれわれの領域空間が分節され、われ‐われわれ像がもたらされるのである。

こうして、文明化の過程とは、「われわれ」として認知され統合されるべき範囲が時空間的に拡大することであり、より上位の領域に結びつくことである。そして、より包括的で複雑な型の人間組織への進行は、個性化のいっそうの進行と同時に、行動の規範、特に人間と人間の同一化が及ぶ範囲も拡大する。このように、文明化とは、個人が偏狭な「われわれ‐アイデンティティ」から自らを引き離し、生存単位が自らの超自我となった社会像を組み替える過程である。すなわち、「個人が高いレベルの個性化へと向かう社会の発展」と「人類のより堅固で広範囲に及ぶ統合へ向かう方向」とは「文明化の過程」の双対的な過程である。

今日のグローバル化も、この生存単位のより上位の領域への同一化の拡張という進化論的過程として論じられている。同一化の広がりは「全世界に及ぶ倫理性」をもたらし、「現代では個々の国家に代わって、諸々の国家に分割された人類が社会的単位としてますます多くの発展過程と構造変化の準拠単位になる」（エリアス 二〇〇〇：一八四）というエリアスの言葉は、グローバル化によって新しい国境なき世界が到来すると考える今日のグローバル化言説に与るものに思われる。

産業革命を画期としたこの二〇〇〇年の内には、西欧文明が「中心文明」となり、その他の諸文明はすべて西欧化を余儀なくされ「周辺文明」となる過程があった（Bagby 1958）。エリアスも言うように、このように中心‐周辺のトポロジーを以てより大きな生存単位に結びつく過程が「文明化」であり、われわれは西洋中心主義的イデオロギーに固着した文明化を「近代化」と称してきた。

われわれは、グローバル化と呼ばれる趨勢の理解に際しても、生存単位の拡大や中心‐周辺文明化と類似の観点を重ねている。社会学の社会概念は、領域のメタファーをめぐって組織されており、それゆえ、グローバル化についても、国民国家社会といったある一つの領域が、もう一つの、より高次な秩序であるグローバルな経済や文化の領域に組み込まれてゆくこと、として捉えられがちである（アーリ 二〇〇六：五七―五八）。

エリアスにおいては、生存単位がより大きな単位へと向かうことに倫理性の拡大が伴われるということが、グローバル化を正当化する統制的理念になっている。まさしく、グローバルなものは動力因であり目的因でもあるとみなされている。それゆえ、より高い秩序の領域を志向するのが普遍主義と呼ばれ、低い秩序領域への固執は個別主義と呼ばれる。個別主義が志向する秩序領域は、伝統、場所ないしコミュニティと呼びならわされている。普遍主義は、ローカリティ、地域的局限や風土的規定の母斑から抜け出して、脱質料化、脱身体化、脱場所化した抽象的な空間領域をより高い領域として志向する。ジョン・アーリによれば、こうした普遍主義／個別主義の二分法は、「手元にあること(Zuhandenheit)」に対して「眼前にあること(Vorhandenheit)」を優位におく視覚中心主義に淵源する。社会学理論もまたその例外をなすものではなく、脱質料化、脱身体化、脱場所化した抽象的な行為主体の「実践」を仮設する概念構成体を志向してきた。アーリによれば、そうした社会構造の近代主義的理解によっては、領土や国家を横断する社会諸関係は把握しきれない。グローバル化とは、「手元にあること」あるいはローカルな存在論的基盤さえ揺らぎだす、時間と空間の再湾曲化である。とすれば、グローバル化における時間‐空間の社会学的理解には、質料、身体、場所の契機を再導入しなければならない。

アーリが視覚中心主義と呼ぶ空間認識とは、アンリ・ルフェーヴルが「空間の表象」と名付けた「空間の科学」の認識に他ならない。それを批判して、現実の生きられる経験、空間的実践に即した空間概念が捉えられなければならないというのである。グローバル化は、国家において統一されていた空間のコードを解体し、国家の枠組みを超えた空間的実践を明るみに出した。空間的実践とは、それぞれの時代の「生存単位」に固有な社会諸関係を空間に刻み込み形態化する実践であり、社会空間を分泌する実践である。グローバル化は、まさしく脱領域的に新たな空間が産み出されていく過程である。グローバル化の空間的機制を問うことは、この新たな脱領域的な生存単位を模索しつつ行われる空間的実践の有り様を問うことである。

アーリは、「時間‐空間を劇的に圧縮もしくは収縮させる多種多様な新しいもの、新たな機械とテクノロジー」をインフラストラクチュアとして伴って変容した社会構造を、ブルーノ・ラトゥールの用語を借りて「ハイブリッド」と呼んでいる（アーリ 二〇〇六：五九）。社会生活の外部的形態とみられるものを、社会生活と不即不離なものととらえるそれは、新しい社会形態学（morphologie sociale）の視点であるといって過言ではない。グローバル化における社会諸関係こそ、社会の基体をなすものとしての形態学的事実に即して理解すべきだという。グローバル化時代における社会の基体をなす形態学的事実とは、マニュエル・カステルがいうように、ネットワーク社会をもたらしている尖端的情報科学技術とそのインフラストラクチュアにほかならない。情報主義の時代においては、社会構造が情報インフラと接合したハイブリッドであるように、行為主体は尖端科学技術を埋め込まれたハイブリッドである。われわれの世界表象もまたその技術に負って、「空間的近接」と「仮想的近接」とが相互滲透したハイブリッドである。

アーリは、グローバル化の時間‐空間を構築しているフォルマントをインターネットの裡に見いだし、「ネットワーク」と「流動体」の概念によって「グローバル」なものを解明できると提起している。「グローバル化はむしろ、領域としての社会のメタファーが、ネットワークや流動体として把握されるグローバルなもののメタファーへと置き換えられる」ということであり、「ある社会的トポロジーから他の諸トポロジーへの置換こそがグローバル化の特徴をなす」のである（アーリ 二〇〇六：五八）。この観点は、カステルが提起した命題、「ネットワーク社会は、社会的行為に対する社会形態学の優位によって特徴づけられる」（Castells 1996: 469）を踏まえたものである。繰り返しになるが、社会的トポロジーないし社会形態学の見地は、社会的実践を空間的実践と不即不離なものとして概念化するものである。

さて、アーリがいうように、今日のグローバル化についての研究は、グローバルなものとそれぞれの社会単位との一種の「領域」間の競争を問題にしている。そこで、以下では、「場所」「空間」を社会理論の特質を描き出すメタファーとして、諸理論がグローバル化の機制をどのようにとらえているのかを概説して見ようと思う。

## （二）空間の抽象化

グローバル化言説は、冷戦終結後のユートピア的な期待やプロジェクトとして普及した。しかしながら、そのような発展過程や構造変化の準拠単位となるグローバルな経済や文化の「領域」、高次な「秩序」あるいは人類という「社会単位」はどこに、どのようにあるものなのか。それを垣間見るためにも、近代社会編成における空間的原理（場所から空間へ）を検討しておかなければならない。

モダニティの起点についてはさまざまである。アンソニー・ギデンズは、グローバリゼーション理論においてモダニティのグローバル化にほかならないという。ギデンズが、モダニティの起点を一七世紀に定めるのは、いわゆるウェストファリア体制として主権国家体制が確立し、また他方で自然科学的世界像が確立することを以てである。近代国家によって用いられた社会編成の原理は時間と空間を分離し、抽象化し、単線的な、不可逆的な、予測可能な「時計時間」によって社会を編成するものであった。

ギデンズが提起した「時間と空間の分離」といった近代社会編制の基本原理は、一七世紀の自然科学的空間像（デカルトの延長としての空間、ニュートンの絶対空間）をふまえたものである。

時間と空間の分離、そして「場所」から「空間」への転換は、まず十七世紀の物理科学によってはたされた。時間と空間の分離を観念できない場合には、投じられたボール自体が描く抛物線軌道と、落下の法則として加速度を呈示する抛物線グラフとの区別がつかない。また地球上の重力法則が、宇宙の天体間においても同等であるという発見もまた、空間と時間を切り離し、等質な空間における一元的な時間過程を措定することによって「場所」を「空間」に転換するものである。

一七世紀の自然科学的空間像をふまえ、均質的で透明な空間、幾何学化され合理化された空間のうえに提示された人間中心主義的世界観は、非風土的・合理的・一律的世界観を伴っている。事物に対して、多元的相対主義的な「並存の秩序」に替わる一元的な「継起の秩序」を立て、時間性を人間主体の本質として特権化することにともない、空間は主体から引き離され外的で偶有的なものとみなされる。すなわち、風土や場所の局限性を奪い去り抽象化する思考が近代的思考である。バウマンの卓抜な比喩によると、「モダニティの出現とは、未開文化から庭園文化への転換の過程」であった（バウマン 一九九五：六九）。

つぎの一八世紀は、一般に非歴史性あるいは反歴史性の時代だといわれている。旅と交通の世紀として、博物学的な視線で多様な事実の空間的布置が問題とされたのである。それは、多文化主義をはじめ空間が炸裂したといわれる今日のポストモダン状況とも共通するところをもつのかもしれない。それらはどのように整序されるようになったのか。一八世紀における空間への着目とは、「博物学的な視線で多様な事実を観察し、そこに内在する関係のシステムを浮かび上がらせること。さらに、空間的に隔たったさまざまなシステムを相対的に比較すること。」(樋口一九八八：四)であって、多様な差異が布置する異質な空間への相対主義的なまなざしであった。しかし、啓蒙の世紀は、一八世紀の後半にはまさに進歩主義的意想をまとった「コペルニクス的転回」によって、普遍的地図作製術をもたらすと同時に、歴史軸を中心とした一九世紀を準備する。その歴史軸とは「立法的実践」に即して言いうるものである。歴史に対して「実践」を対置し、歴史を克服する宣戦布告の時代こそが歴史軸を中心とした時代と呼ばれるのである。

すなわち、カントによれば、比較と分類の論理が優位する博物学が自然的多様性の裡に内在する法則を見出そうとしたのとは正反対に、自然のなかに法則を投げ入れることによってこそ、ひとつのまとまりとして認識される。すなわち、歴史とは人が意味や目的を前提としてはじめて可能となるものである。全体的なものは存在(Sein)ではなく当為(Sollen)なのである。カントは一八世紀における場所の秩序化としての世界史の試みをくつがえし、人類の歴史を当為によって見出したのである。すなわち、カントは、一九世紀を支配することになる歴史の論理を、「経験的

＝超越的二重体」としての人間の企投＝自己超越の運動としてとらえる論理において準備したのである。

コペルニクス的転回は、事物を秩序づける時間‐空間の枠組みに大きな変貌をもたらした。現実の空間的差異は時間継起の同質性に投げ入れられる。モンテスキューの『法の精神』（一七四八）とアダム・スミスの『国富論』（一七七六）とのあいだにも、ちょうどロマン主義者ヘルダーに対する進歩主義者カントの関係と類似した、比較と分類の論理から法則・歴史の論理への移行が見出せる。一八世紀のスコットランド啓蒙主義は、文明と野蛮の区別を提起して発展の諸段階を区切り、いわば空間を時間化し、「市民社会」（civil society）をより高度な文明として捉えた。文明空間を進化論的に分節し、文明空間のあいだの差異は、啓蒙と進歩の観念を伴った時間軸において整序される。スミスが提唱したのは、地域的局限をまとった封建的な紐帯（仁愛）を否定する、「公平無私の観察者」（という超越者）に義認される新しい社交関係（等価交換にもとづく等質空間）である。それこそが文明社会たる「市民社会」である。

アダム・スミスの労働と生産の論理は、重商主義的世界市場の外延的拡大から国内市場の内包的蓄積への転換を標し付ける。そして、スミスにおける等価労働価値説と支配労働価値説との曖昧さは、やがてリカードにおいて払拭され、労働時間こそが交換に先立って価値を決定する尺度となる。それは、交換（空間）から生産（時間）への移行を標し付けている。そして、そこからマルクスが自己増殖する資本の観念、自己展開する資本主義を理論化するのである。一八世紀はその前半と後半で、「分類＝認識論の時代」から「生の観点をとる存在論の時代」へのコペルニクス的転回をはたすのである（芝井 一九九八）。

蓄積の論理は「有機体」の論理であり、「有機体」の観点は「生」の観点であり、蓄積は歴史性の論理である。ギデンズが云うように歴史性とはモダニティにおいてもたらされた社会原理である。「歴史性とは、社会の変革を追求して社会を能動的に組織化すること」（ギデンズ 一九八九：二四三）であり、啓蒙と進歩の観念をともなった歴史観は、他者を排除しつつ包摂するという表象秩序を可能にする。たとえば、マルクスが「歴史なき民族」として市民社会の外部の存在を排除しつつ、「資本による文明化」に包摂されるべき存在だとしたように。一九世紀は、世界資本主義が全域化すると同時に、「生存単位」を国民国家化する、空間を時間化した時代であった。

## （三）国家の空間論理

ルフェーヴルがいうように、カントが描き出す「抽象空間」の論理は、フランス革命によって典型的にもたらされた近代国家の制度空間を底礎するものであった。また、カントの「経験的

＝超越的二重体」という精神構造をもたらした「生存単位」、すなわち領土と国家に基づく社会諸関係は、その「条理空間」の内部において「規律社会」（フーコー）となった。まさしく、フランス革命が提起した「国民」概念は、「前政治的な次元から、民主主義的共同体の市民の政治的アイデンティティにとって構成的である指標へと転換した」（ハーバーマス二〇〇三：二七五）のである。すなわち、「国民」とは、近代的地平において新しく生まれたかつてない「第三の身分」であるということである。この新しく生まれた政治的共同体空間では「場所」は「前政治的」なものとしてその差異の表出を剝奪されている。すなわち、「国家市民としてのナツィオンにとってのアイデンティティとは、民族的‐文化的共通性ではなく、自らの民主的参加権とコミュニケイション的権利を能動的に行使する市民の実践にある。ここでは、国家市民の共和主義的要素は、出自、共有された伝統、共通の言語を通じて統合された前政治的共同体への帰属から完全に解放される」（ハーバーマス二〇〇三：二七六）。

ギデンズは、モダニティの編成原理として国民国家を取りあげる。近代史は、いくつもの政治単位すなわち「権力の容器」が、より大きな容器である領域的主権国家へと淘汰された過程であるが、近代の「国民国家」は社会に空間的境界を設定した種別的な社会編制である。ギデンズの国民国家の定義にはそもそも、「出自、共有された伝統、共通の言語を通じて統合された前政治的共同体」は含まれない。ギデンズは国家を主に「統治／権力の装置」の側面で規定している（ギデンズ 一九九九a：二六）。国民の定義にも「民族共同体の文化的属性」はもちろん、なんら集合的アイデンティティの分有が前提されていない。国民は、直截にいえば、国家のあるいは国家装置による支配の客体と捉えられている。「境界画定された権力容器」（ギデンズ 一九九九a：一四二）である国民国家と、その権力容器に服属している限りにおいての国民なのである。一八世紀の地勢学＝地図作製術を俟って、主権概念の相互承認はやがて緩衝地帯としての「辺境」を「国境」へと変容させる。

さて、このようなギデンズの国民国家の定義＝「国家の権力装置とそれによって包摂された社会」は、国家と国民との再帰的関係、むしろ国民が国民自身を統治する再帰的同一性の構造を描き出すものである。それは「国民（nation）」概念の曖昧さを、「国家市民資格（シティズンシップ）」に一元化する。空間的境界を画定することによって、国家とその構成員とは自己準拠的に、「古典的自由主義の普遍的特性」にみちびかれた「概念的共同体」としての国民国家を創出したことになる。

このように理性、個人的自由を掲げる自由主義の社会観においては、自己準拠化した国家とシティズンシップの自己純化運動が政治的世界をつくりあげる。そして、有機的なものを解体し、固有性を奪い、局所性を失わせ、文化的多様性、共同体を否認して方法論的個人主義の立場に立つ。近代国民国家の思想は、集合的アイデンティティを否認し、多元主義的世界を否認する。そこでは、政治空間は概念的に「絶対空間」に仮構され、政治的質料的存在は「質点」としての個人に仮構されている。ユルゲン・ハーバーマスにおいてもギデンズにおいても強調されるところは共通している。国民国家概念におけるシティズンシップは、国民を市民として、すなわち個人として対等の権利を認めるという原則に従っているということである。言い換えれば、民主主義とシティズンシップは、地域共同体やエスニック集団や階級といった差異的要因を捨象することで成立しているということである。

ギデンズやハーバーマスによれば、われわれの「生存単位」が国民国家から離れて、脱領土化しつつあるグローバル化の時代にも、近代国民国家が培養した政治的空間の論理は通用するのみならず、むしろ徹底化されるのだという。

ギデンズによれば、前政治的な文化共同体的多様性の存在は、この普遍的特性を有する政治文化によって「脱埋め込み」され、平等・対等という政治文化の次元に「再埋め込み」されることによって共存できる（ギデンズ 一九九九a：二五一）。また、ハーバーマスは、普遍主義的なシティズンシップとそれを根付かせている「政治的文化」とは、いわば理性の領域であって、個別主義的な民族的‐文化的生活形式が合理化されたものである。そしてさらに、「国家市民資格と世界市民資格とは連続している」（ハーバーマス 二〇〇三：二九八）とまで述べる。

近代国家の基本的な役割は支配の及ぶ限り場所的多様性を奪い空間を条理化することである。ハーバーマスやギデンズの近代主義理論はその端的な証左である。ギデンズは、「ポスト伝統社会」において、「場所は根底的に、ローカルな活動を無限に拡がる範囲と時間の関係性の中に結合し直すという、脱埋め込みメカニズムに貫かれており」、それゆえ、「場所は幻像（ファンタスマゴリー）的なものとなる」（ギデンズ 一九九七：一四六）という。「幻像としての場所」とは、場所のローカルな特性が、隔離化され内的準拠化した社会諸関係によって徹底的に侵略を受け、その社会諸関係の観点から再組織化される過程をいう。

こうした論理に即すならば、「場所」とは、シティズンシップの「理性的空間」がつくりだす「構成的外部」（ムフ 一九九三：一三九）である。「境界画定された権力容器」は、「理性の空間」の、他者からの、あるいは「身体」による汚染からの防御壁なのである。それは他者の侵入を防御するが、他者の時間‐空間領域への侵入を抑制することはない。

ギデンズによれば、モダニティの社会形成原理は幾つもの対称性基準をクリアした普遍性を有するものである。すなわち、モダニティの原理の上に「グローバル」という聖なる領域が生産されるのである。ギデンズの所論である「徹底化したモダニティとしてのグローバリゼーション」は、いまやモダニティの「構成的外部」に存在の余地を残さない。場所を幻像と呼ぶことによって、ギデンズは、場所的集合的アイデンティティを軸にした政治のモデル化は、モダニティの徹底化によってもはや意味がないと主張し、現代社会のあちこちにおいて噴出している、場所を構築しようとする衝動や連帯における場所的資源の存在を否認するのである。

## 二　グローカルな世界地平

### （一）グローバルな領域

ルフェーヴルは、「一九一〇年頃にある空間が打ち砕かれた。それは良識、知、社会的実践、政治的権力に共通する空間であった」（ルフェーヴル 二〇〇〇：六四）と述べて、第一次世界大戦前後に空間概念の根底的な見直しが迫られたことを呈示している。国家という閉曲線で「生存単位」を囲っていた段階から、その「生存単位」を懐疑する段階にさしかかったのである。この時期に、国家間の国際関係という条理化空間ならざる空間性に突き当たり、国家の閉曲線の囲いの破れが認識される。しかし、二度にわたる世界大戦という「生存単位」の痙攣を経て、タルコット・パーソンズは、第二次世界大戦後の世界を、アメリカがモダニティを代表する「歴史の中心」だとしつつ、諸社会は自己展開的にアメリカモデルの社会へと収斂してゆく過程として論じた。そこでは、移民が有する親族関係やカトリック教会のように国民社会にまたがる社会横断的(cross-societal)な社会システムの存在が指摘されつつも、国民国家の領土的境界によって区切られた国民社会を一個の全体社会とみなしたうえで、比較社会学的分析の立場がとられていた。パーソンズはまた、「ウェーバー的意味での普遍史と、進化論の混合物という形態」をとって理論化して、国民国家を単位とした諸社会がつくりだす関連を、「現代では、その全体的な複合体が一つの社会体系〔a system of societies 諸社会を統合した体系〕とよんでよい程度にまで育ってきている」(パーソンズ一九七七：二)と述べている。パーソンズは、グローバル空間を、諸国家を全体社会の単位としつつ、モダニティを志向する整序されたシステムとして描き出した。

ローランド・ロバートソンは、国民国家社会からグローバルな社会へと移行するという「領域のメタファー」によって描かれている「諸社会からなる一つのシステム」という着想を引き継ぎながら、そこに共有の文化や規範が醸成されて「グローバル・システム」を形成するにいたっているか否かを検討し、宗教文化的な差異がその形成を阻んでいるとした。しかし、やがて彼はこのような「国際システム」ないし「グローバル・システム」のイメージを、「その中で諸社会が……彼ら自身の社会およびその他の社会のアイデンティティを全体システムの構築と合わせて構築する場」（ロバートソン 一九九七：一一二―一一三、Waters 1995: cap. 3）として捉え返すことによって、近代化を必然的な随伴者としつつも独自の趨勢としての「グローバリゼーション」を概念化する。

ロバートソンのいう「グローバルな単一性」「単一の場所」「世界の『単一の場所』への圧縮」とは、諸社会におけるその存在、アイデンティティ、活動の準拠枠に言及するものである。「全体としてのグローバルな人間的条件」が構築されつつある状況、それがグローバリゼーションと呼ばれている。こうした、ロバートソンのグローバリゼーション概念は、諸社会のモダニティへの収斂を条件とした、パーソンズ的近代化論的グローバリゼーション理論とは一線を画している。ロバートソンは、「一つの全体としての世界という意識」（ロバートソン 一九九七：一九）を準拠枠にすることによって、諸社会が再帰的に自己を形成する機制を捉えたのである。

ウルリッヒ・ベックにしたがって、パーソンズ的段階を単純なグローバリゼーションの段階、ロバートソン的段階をコスモポリタニゼーション段階、ないし再帰的グローバリゼーションの段階と言えるだろう。しかし、パーソンズとは一線を画すとはいえ、何らかの領域的集合としての社会が、「一つの全体としての世界という意識」を準拠枠にして再帰的に自らを編成仕返すという機序が措定されている。すなわち、パーソンズとは異なり、構造‐機能主義的な社会変動論ではないものの、ロバートソンの定義においても、パーソンズにおいて即時的に前提されていたモダニティの普遍性が、グローバルなものを再帰的に認知するという機制によって、グローバルなものという普遍性の視座から、個別の社会のあり方を批判するという啓蒙的イメージを伴っている。

ベックは、ロバートソンが「一つの全体としての世界という意識」というように、グローバリゼーションを「文化的‐シンボル的な再帰性」を通じて進行するものと捉えていることを評価している。高度に発達したマスメディアによって「意味世界と文化的シンボルがさまざまな文化を横断して産出される」ことによって、「世界地平」が開かれるというのである（ベック 二〇〇五：九六）。ベックにとって「世界地平」構築の契機は、「グローバルなリスク社会」の出来である。ところで、「リスク社会」は、「不安の共有」によって連帯を醸成するというその定義において、単に事実の事柄ではなく、文化的言説実践によって構成され社会的諸実践に埋め込まれていなければならない。ベックが「文化的‐シンボル的な再帰性」を強調する所以である。そして、ベックが再帰的近代化と名付けるのは、グローバルなリスクに効果的に対処しうる態勢づくりの過程である。諸領域社会は、グローバルなリスクという「共通の運命」にさらされていることを認識することで、政治的境界設定のルールを変え、超国家的、コスモポリタン的潮流に自らを開放するようになる。このように、ベックのグローバル化理論において、グローバル・リスク概念は、ロバートソンの「一つの全体としての世界という意識」と同じ位相を占めている。

グローバル・リスク概念は、国家という単位に分割された人類社会は、今やその「生存単位」を拡張して、人類、人類社会という最高の統合水準に同一化するべき段階にあるという黙示なのである。ベックやロバートソンは、高度に発達したコミュニケーション・メディアによって、この人類に準拠した新たな「われわれ‐アイデンティティ」がもたらされていくというのである。「グローバルなリスク社会」は、国家を超えた新しい成員性が開かれるべきであるという一種の強迫観念である。しかし、この新たなより高い秩序と結びついた、新たな内的同一性を担保する「われわれ像」「われわれ感情」が醸成されない限り、いわば淘汰されるより低い秩序のわれわれ‐集団の衰退や消滅は、集団的破滅として、また深刻な意味喪失として現れるのである（エリアス二〇〇〇：二五三）。

## （二）世界社会と個人化

ベックは、グローバル化の現実的諸過程によって、コスモポリタニズム、トランスナショナルな市民社会、世界社会といった、「国境なき世界」が創出されつつあると論じる。ベックによれば、それは国民的境界を掘り崩す資本主義の動態によって加速され、世界規模のコミュニケーションによって刺激され、超国家的社会運動のグローバルな意見表明によって刺激されている。そして、エコロジカルな危機をはじめ技術や経済の動態が孕むグローバルなリスクの認知は、新しい空間的に非隣接的な、ポスト国民的なリスク・コミュニティをつくりだし、「サブ政治」を展開している。ポスト国民的なリスク・コミュニティのモデルは、地域的エコロジカル条約、超国家的コミュニティ、NGOないしエコロジーやフェミニズムのグローバル運動にみいだせるという。同様に、ギデンズはその時論的論考において、「グローバルなガヴァナンス、グローバルな市民社会は、すでに現実のものとなっている」(ギデンズ一九九九b：二三三)という。

グローバル化は、国民国家の多孔化として進行している。「第一の近代の主要前提」、すなわち「相互の境界が明確な閉ざされた国民国家とそれに対応した国民社会という空間の中で「人々が」生活し、行為するという考え」(ベック二〇〇五：四六)がここでくつがえっている。パーソンズ理論においては、社会の統合機能に対応する「社会的共同体(societal community)」としての「国民」の形成(シティズンシップの合理化)が重視されたのに対して、国民は今や国民国家の理念的枠組みを逸脱する異種混淆的な存在となっている。グローバル化にともない、領域国家が社会のコンテナであるような、したがって社会と国家が重なりあっているあり方は崩壊する。ベックは、そこに国民国家中心の見方を攪乱させるような、「社会的なものが力を得る可能性」をみている。すなわち、国民国家の枠をはみ出しあるいはそれから解放された「社会的なものの行為空間、生活空間、知覚空間が成立するということ——世界社会が意味しているのはこれである」（ベック二〇〇五：一三〇）。

ベックは、文化的グローバル化によって、「人々の幸福のユートピアはもはや地勢学的空間とその文化的アイデンティティを頼りにしてはいない」（ベック二〇〇五：一三二）という。ベックは、「個人化」を個人と制度との関係が変化する構造的過程として定義しているが、人々が自らを再帰的近代化過程の成因的要素に位置づけることが相即するのだという。今や、人間は自己意識の新しい段階に向かうべきであると主張されている。ギデンズが提唱する「再帰的（プロジェクトとしての）自己アイデンティティ」といった人間像、「われ‐われわれアイデンティティ」の「われ‐われわれのバランス」が究極的に「われ‐アイデンティティ」に傾いた人間像が、われわれの実際に在る姿だと言うのである。すなわち、主体性ないしアイデンティティが国民国家の枠を抜け出る契機を重くみるベックによれば、個人的自己実現の倫理は、グローバリティを政治的想像力の核心に位置づけており、新しいコスモポリタニズムの基礎なのである。しかしながら、諸文化の異種混淆化や国民国家の攪乱は、新しいコスモポリタニズムの実験になるかも知れないが、必ずしもグローバル文化に準拠した「われわれ - アイデンティティ」の創発を促すとは言えない。文明化（＝生存単位の拡張）を善きものに向かう変化、進歩、発達とみなしたのは一九世紀の理論である。

グローバルなフローはその影響によって様々な形態の抵抗を惹起している。「われ - われわれ像」はやはり空間の分節にしたがい、ベックの言うような理念的境位にはない。人類に準拠した「われわれ - アイデンティティ」に即くことが、物理的あるいは社会的な生存の機会をむしろ失うことになるからに他ならない。それらはむしろ、ベックが挙示するグローバルな新秩序の形成に対立するというべきものである。すなわち、個人の自己実現を旋回軸としてコスモポリタン的空間へ向かう倫理的政治的新形態がもたらされるのではなく、却って集合的な紐帯、集合的なアイデンティティを求め、自他の象徴的差異にもとづく共同態を志向する運動が噴出している。カステルはそれを、グローバル化に対する「抵抗のアイデンティティ」の形成と概念化している。ベックがいうように国民国家社会に代表される領域社会が多孔的となり国民が異種混淆的となっているが、しかしそのことは、コスモポリタニズム、トランスナショナルな市民社会、世界社会といった、「国境なき世界」が創出されつつあるというヴィジョナリーな展望を許すものではない。

ベックにおいては、グローバルなリスク社会ないし再帰的なリスク社会というグローバルな領域を仮設し、かかる領域の回帰的・再帰的自己創出を仮定することは、脱‐領域社会化の矛盾を合理化し、政治的・経済的・文化的グローバル化が個人の帰属すべき場所を奪いさっているポストモダン状況をポジティヴに捉え直すための再魔術化機能を果たしていよう。

## （四）離接的ランドスケープ

ロバートソンは、グローバル化の現実動態を「グローカリゼーション」の造語で示した。普遍主義と個別主義とが、あるいはグローバルなものとローカルなものとが入り混じる過程である。ベックは、アルジュン・アパデュライのランドスケープ論を、ロバートソンのグローカリゼーションの視点と理論を拡張したものだと評している。しかし、ロバートソンのグローカリゼーションがポジティヴな統合的方向を志向するものであるのに対し、アパデュライのスケープ論が、むしろ分裂を誇張するポストモダンのそれであることは明白である。

離接的ランドスケープは、グローバルなネットワークのフローの構造化が、それをコントロールしえない個々の社会（ないし、その中継点＝ノード）の視圏において表象されるあり方である。アパデュライは、五つの社会空間＝ランドスケープの重層的離接構造を提起する。グローバル化は、ランドスケープの観点からは、その諸水準の分岐逸脱拡散によって特徴づけられているということである。「現在のグローバル経済の複合性は、経済、文化、政治のあいだの根本的な離接＝関節脱臼と関連している」(Appadurai 1990: 296)。なによりも不均等なプロセスでしかない経済的グローバル化は、グローバリゼーションが何であるかを理解するための資源についても断片的で不均等な分配をもたらしている。それによって、世界規模でもたらされる知識やイメージで形成される「想像の世界」は、自らが「周辺」に位置するという客観性さえをも疑わしいものにしている。グローバリゼーションについての知識を獲得して、想像力によって、「ますます非同形的な経路をすすむ」不整合な諸スケープの分裂性フローによってつくられた「想像の世界」を、新たに織りなおさなければならないのである(Appadurai 1990: 301)。

分裂性フローによって構造化された諸スケープは、その分裂した空間への同化によるアイデンティティの喪失、あるいは分裂をもたらす。何らかの象徴的差異を以てアイデンティティの核とし、他者との明確な境界線を保つための領域的社会が確定されなければならないのである。アパデュライは、ローカルな場所が今危殆に瀕していると訴えているのである。

アパデュライのグローカリゼーションが、グローバル‐ローカル関係のポジティヴな統合に言及しえないのは、ローカルなものがグローバルなものに開放されずにいるからではない。ロバートソンやベックが、分裂性フローに席巻され場所を喪失した人間の鬱積しあるいは燃え上がる存在論的不安の強さを顧慮せず、グローバルな領域が小さな領域に取って代わることといった「領域のメタファー」でグローバリゼーションを捉えているのに対して、アパデュライの離接的ランドスケープ論が呈示するのは、多様な越境する文化的フローが惹起している「脱領土化」、いいかえれば場所の解体であり、足許から世界が揺れ動く不安の経験である。断片化した世界の描像、多文化的異種混淆的状況は、ポストモダンの経済社会文化的状況である。それゆえ、アパデュライのいう「下からのグローバリゼーション」は、ベックのサブ政治における「下からの社会形成」とはまったく異なるものになろう。サブ政治はグローバルな領域を現実化するものだが、アパデュライの見いだすのは、グローバルなフローへのローカルな共同態的抵抗としての運動である。

ベックがあげるグローバルな政治制度の諸例にしたがえば、領域社会から解き放たれたコスモポリタン的な市民社会が出来しているかのようにも見えよう。しかしながら、それはこの上なく異種混淆的な市民社会である。ベックはサブ政治について、つぎのようにも述べている。「世界中に演出されたテレビによる告発」を通じて、『『本来は』連携能力のない人たちの連携が発生」

し、あるいは「国民国家や経済や宗教や政治的イデオロギーの対立を超えた直接政治の瞬間的連帯」（ベック二〇〇三：一一六―一一七）が生じるのだ、と。このように、サブ政治は、領域社会の多孔化と脱中心化した可塑的自己と、ますますメディアに媒介された組織化様態において発展している。そこでは、個人的アイデンティティと集合的アイデンティティとの二つのアイデンティティは、ひとたび分裂的に乖離したうえで、「個人化」の趨勢における「ライフ・ポリティクス」（アイデンティティの構築、交渉、主張）の上演として、混淆化しあるいは癒着したものとなっている。領域社会の多孔化は社会的結束の絆を解きほどき「個人化」をもたらし、個人的アイデンティティは可塑的で流動的に変化するものとなっている。すなわち、メディアに媒介された「瞬間的連帯」がそうであるように、指南喪失に陥った個人は、自己が帰属すべき新たな集合的アイデンティティを暗中模索しているのである。それゆえ、集合的アイデンティティの構築と個人的アイデンティティの形成とはループをなして、互いに選択的で流動的なものとなっているのである。それは、メディア・イメージという「仮想的近接」として構築される同一化を通して結びつけられる限りにおいて存在するヴァーチャルなコミュニティであり、必ずしも「単一の世界」の像に結像するものではない。

## 三　空間の生産の諸次元

### （一）時間 - 空間の収斂

グローバル化によって、社会諸関係が生産 - 再生産される時間 - 空間的単位が劇的に変容している。われわれはそうした社会 - 空間の組成の根本的転換を表す、「時間 - 空間の収斂（time-space convergence）」「時間 - 空間の距離化（time-space distanciation）」「時間 - 空間の圧縮（time-space compression）」という、三つの概念を得ている。これらの概念はいずれも、空間は社会諸関係にとって中性的でも外的なものでもなく、まさに社会諸関係を産出するものだととらえている。時間と空間は可塑的で社会構造の一部をなしている。またいずれの概念も、人、物、情報の移動を含意しており、社会諸関係のスケールを扱うのに適している。これらの諸概念から、グローバル化にともなう空間の生産の機序の問題に接近してみよう。

「時間 - 空間の収斂」があらわすのは、地理学的には、交通の発達、したがって移動・輸送の速度が増すことによって、郊外の住宅地と都心のオフィスといった遠隔地点・場所の間の隔たり＝距離の摩擦が低減することである。隔たり＝距離は時間と相関的にとらえられている。このテーゼでは、時間や空間は、その中で人々の社会的活動の営みが経過する「環境」のようにみなされている。それゆえ、活動にとっての障碍をなす地理的距離が移動・伝達の速度の増進によって相対的に近くなるというように、地理的距離の空間的測定に替えて時間的測定がとられるのである。そして、時間と空間はどちらも移動・輸送手段の観点から、「距離」として測定可能ととらえられている。その観点からみれば、時間と空間はいずれも相対的に縮小しており、時間と空間の収斂をいうことができる。また、それを時間を基準に見れば、「時間による空間の絶滅」という言い方もできる。しばしば、「時間による空間の絶滅」を例証するのに、交通手段によって縮尺を変えた地球の図が空間の相対的な縮小として呈示されるが、それは計量を旨とするいわゆるユークリッド図形のカテゴリーに属している。

しかし、それにとどまらず、この距離をたんなる空間的な分割としてではなく、ギデンズのいう諸活動の「時間 - 空間ゾーニング」にかかわらせてみるならば、時間の商品化の論理、空間の商品化の論理が生活のあらゆる領域に入り込み、「時計時間」による時間 - 空間における諸活動の同期化が、「人工的な創出空間」のうえで果たされていることを、このテーゼは含意している。ギデンズが、デヴィッド・ハーヴェイを引用していうように、「距離は、時間がひとつの契機となっている過程ないし活動の見地からのみ計測しうるのであり、すべての活動に当てはまる独立した計量法など存在しない」(Giddens 1995: 33)のである。モダニティの特性の源泉は、既に述べたように、時間と空間の分離と社会生活の時間‐空間ゾーニングを可能にする再結合である。時計時間による行為調節が空間制御の基礎となり、移動・輸送手段の発達によって場所の内実は空間距離へと還元される。それゆえ、この概念を以て、空間による場所の絶滅(ローカルな局在性の廃棄)テーゼと呼ぶこともできよう。

近代のアーバニズムは、自然と乖離した「時間‐空間ゾーニング」である。テクノロジーが建造環境と自然が持つ形態の近しさを破砕し、「景観‐内‐存在(being in the landscape)」(C・ノルベルグ＝シュルツ)を蔑ろにしている。空間についての新しい概念は「計画」という視点をともない、都市は幾何学的に秩序化された形へと組織化される。風土や場所や住まうことといった、実存が本質的に空間的であるということが忘却される。場所の真正性を失った「没場所性」(エドワード・レルフ)、場所性のない都市空間＝「非‐場所化」(マルク・オージェ)は、時間‐空間の収斂と相即するのである。

没場所性、非‐場所化の概念は、都市として形象化されたモダニティへの失望を表明している。都市が、ネオリベラリズムによるリストラ(ジェントリフィケーション)にさらされると、場所はグローバルなフローの空間に席を譲って、分極化、断片化を被り、ゲットー化、ゲーテッド・

コミュニティといったように、近隣社会など居住空間にもとづく相互依存と帰属感覚は断片化し、都市コミュニティは周辺化する。ハーヴェイは、これらはあらゆる生活領域への資本主義論理の侵入拡大を物語る、都市空間構造のポストモダン化であるととらえた。

カステルにおいても、「フローの空間」は「場所の空間」との緊張において存在する。フローの空間はそのグローバル経済の論理によって、場所の空間、ローカルな生活様式を掘り崩す傾向を有する。いわば、空間による場所の絶滅の傾向法則である。カステルは、フローの空間の作り出す景観の典型を空港や国際ホテルに見いだし、場所の世界は匿名性のネットワーク・フローの中に埋没してしまうかのよう描き出している。世界都市をグローバル・システムのノードやハブとして位置づけることによって、ローカルなものが脱埋め込みされた、ポストモダンの都市世界を描き出した。また「デュアル・シティ」として、場所（＝都市コミュニティ）が断片化されていることが示されている。

ハーヴェイは、ポストモダン都市を都市空間の商品化であり、消費イデオロギーであるポストモダニズムの空間だとして、グローバル化の均質化作用を前景化しているのに対し、カステルは、グローバル化に対抗する、場所に根ざしたローカルな運動（都市社会運動）の可能性を理論化しようとしている。

## （二）時間‐空間の距離化

「時間‐空間の距離化」（ギデンズ一九九三：三〇―三一、七二―七三）は、時間と空間を横断する社会システムの伸張をいう。ハーヴェイの「時間‐空間の圧縮」では、時間によって空間が絶滅するのに対して、ギデンズの「時間‐空間の距離化」では、時間と空間との結びつきが切り離されている。時間と空間の切り離しが、社会諸関係の結びつきを拡大する条件となっている。ギデンズは、あるローカルな事件が遠く隔たったところで生じた出来事によって方向付けたりあるいは方向付けされたりと、遠隔のローカリティ同士を連動させるような世界規模の社会諸関係が増強していくことを以てこのように概念化し、それをグローバリゼーションの定義としている（ギデンズ一九九三：八五）。すなわち、ここでは、人やモノの移動や密集が問題とされるのではなく、コミュニケーション・メディアの発達による時間‐空間の拡大が論じられているのである。遠くの人や場所との相互浸透がそこに生じ、その帰結として「新たな形態の世界的相互依存性やグローバルな意識」（ギデンズ一九九三：二二六）が出来したというのである。

ギデンズにおいてグローバリゼーションは、「モダニティのグローバル化」である。この定義では、ローカルなものがグローバルなものに、すなわちグローバル化したモダニティに連接する。時間‐空間の距離化はそれゆえ、ローカルなものがモダニティによって「脱埋め込み」され、モダニティの次元に「再埋め込み」されることを含んでいる。コミュニケーション・メディアによる時間‐空間の拡大という行為の構造的資源の拡大に応じて、近代国民国家の「監視」が作動して、場所的多様性を奪い空間を条理化してきたことは、既に述べてきたところである。ギデンズはそれゆえ、ローカリティすなわち地域的局限性をもつ「場所」は「ロカール」(＝現場 locale) として再定義されるべきだというのである。ロカールは、場所を受動的なそれとしてではなく、行為者の相互行為に影響され影響する能動的な場ととらえられる。モダニティの覇権的展開は、諸社会の場所的な時間‐空間体制を破壊して世界標準時への同期をつくりあげた。そのとき、「場所」は創出された物理的環境としての「ロカール」として再定義されたのである。

ドリーン・マッシーが、場所とは静態的では決してなく、「存在」としての空間ではないというとき、ギデンズのこの概念に片足をおいている。マッシーは、場所もまたプロセスとして捉えられなければならない (Massey 1993: 66-67) として、「プログレッシヴな場所感覚」を提唱している。プログレッシヴな場所感覚とは、場所性と空間性との関係を問うことから獲得される、「グローバルにローカルなものをとらえる感覚 (global sense of the local)」、すなわち「グローバルな場所感覚」である (Massey 1993: 68)。

さて、時間‐空間の距離化の「距離化（distanciation）」は、社会的相互作用のシステムが空間的隔たりを越えて伸張することだと平面的に定義されている。しかし、「距離化」とは元来、異化・疎外の意味である。時間的にも空間的にも距離をおいたものどうしの社会関係あるいは行為調節の蓋然性を高めること、すなわち遠くのものを身近にするためは、身近なものを遠ざけることをともなわねばならない。近しさ＝場所を異化することが距離化である。遠くの人や場所との相互浸透は軋轢なしに容易く生じることはない。それは、「場所」を失い「脱‐領土化」することを契機として含んでいる。

個別の領域としての社会が、より大きい領域に拡大し、あるいは連接するというような時間‐空間の距離化の概念は、エリアスの「生存単位」の拡大の理論に似て、グローバル化した世界をあたかも「他者がすむ場所」がない世界として描き出すたぐいのものである。ギデンズのコスモポリタニズムは、世界が多くの「他者」から成っていることを否認する。ギデンズは、時間‐空間の距離化において、人格的信頼とシステム信頼について機能的等価性をみて、ハーバーマスの問題構成であったシステム／生活世界の分離を省みない。それは、時間‐空間の距離化の概念が、西欧近代を前提（規範）としたグローバル・スタンダードに世界中の活動が同期化されることを想定したものであるからにほかならない。トムリンソンは、「一つの場所に居ながら、グローバルな近代性がもたらしてくれる『転移』を経験すること」（トムリンソン二〇〇〇：二七）という。この「転移」も、世界標準時によるさまざまなタイムゾーンの同期化、時計時間による活動のスケジュール化といった、モダンの時間イメージのもとで語られている。ギデンズが「ユートピア的現実主義」と自ら述べるように、ギデンズのコスモポリタニズムはモダニティの延長に実現されるべきだとされる傲慢かつユートピア的な構成的理念なのである。

グローバル化によって「脱領土化」された場所は、どのような次元に「再領土化」されるのか。それは、諸スケール間の競合する再帰的動態に俟つしかないものである。ギデンズにおいては、しかし、カント以来のコスモポリタニズムが規範的に前提されており、再領土化はあたかも同心円を重ねるように階調をなして整合的に拡大するもののように描かれる。領域性を帯びたローカルなものは、ギデンズにおいては今世紀の概念ではあり得ないのである。それどころか、ギデンズの社会結合それ自体の論理に関する概念には、社会を境界画定する原理は一切含まれていない。「近現代の社会が境界規定された社会であるのは、社会結合体全般にもともと備わった特質ではなく、国民国家とむすびつく示差的な社会統合形態のもたらした結果である」（ギデンズ一九九九a：九—一〇）。

しかし、複合化した社会において、アイデンティティや文化をめぐる政治が「場所」に仮託して噴出していることは否認しえない。こうした再部族化を危惧しつつ、マッシーもギデンズと似た言い方で、「グローバルなものとローカルなものをポジティヴに統合する場所感覚」(Massey 1993: 66) を提唱しているが、両者が「ポジティヴに統合」されるためにはいかなる条件が必要であるのだろうか。ギデンズは、ポジティヴに統合する場所の感覚の拠り所を、個人の「自己アイデンティティの再帰的構築」に回付ないし付会している。個人のアイデンティティは属性的に付与されたものではあり得ず、ライフチャンスを規定する社会構造は、地域的風土的に構成されているのでも、中間的集合体的に構成されているのでも、また国民国家的に構成されているのでもない。ベックやギデンズは、「個人化 (Individualisierung)」や「再帰的自己アイデンティティ」という「脱領土化的」概念を強調する。あたかも、有限な球面である地球表面が広大無辺の平面に仮構され、個人は無限に分散しているかのようである。それには、「場所」や「生活世界」への帰属に仮託して「真正性」を希求する多文化主義、あるいはコミュニタリアニズムへの牽制があろう。マッシーの「進歩的な場所感覚」も同様の見地にもとづくものである。場所をめぐっても再帰的構成を求め、グローバル化に対する調整あるいは対抗は場所を実体化するものであってはならず、その都度諸個人の関係性維持へと動機づけられた行為選択によって構築される、再帰的な共同性に基づくものでなければならない、という。

それに対して、カステルによれば、ネットワーク社会におけるアイデンティティの構築の担い手は、アイデンティティの個人化の余地をもたない、領域に基礎づけられた文化的コミューンの運動であって、意味の構築を目指すものである。エスニシティ、ローカリティ、宗教等、なんであれ識別のあるいはスティグマの資源はアイデンティティ構築の資源に反転する。それらを歴史的素材としつつ新しい文化的コードを構築することによって、意味とアイデンティティを構築するのである。カステルは、個人化を身に受けて再帰的自己アイデンティティの構築が可能なのは、彼が「グローバポリタン（globapolitans）」と名付ける「フローの空間」の住人である遠近共存の存在であるごく少数のエリートを除いてほかにはいないという。

## （三）時間 - 空間の圧縮

「時間 - 空間の圧縮」も、社会諸関係の拡張とそれに関わるわれわれの経験の様相を含意する。マルクスは『経済学批判要綱』で、流通時間を短縮して全地球を資本の市場として征服する過程を、「時間による空間の絶滅（die Vernictung）」と呼んだ。ハーヴェイは、「空間の生産」においてもそうした資本の内在的衝動が貫徹することを、「時間 - 空間の圧縮」概念でとらえる。

先にみた「時間 - 空間の収斂」を、ハーヴェイのいう「資本の第二循環」（生産と消費の建造環境への投資であり、社会諸関係を都市空間的に編成する）の観点でみれば、第二循環において作用する「時間‐空間の圧縮」が、都市空間の抽象化をもたらしていることが示される。ハーヴェイは、この過程が新たな局面に至っており、「時間‐空間の圧縮」も新たな次元に昂進しているという。「われわれが自分たち自身に世界を表象する仕方をときにはまったく根本的に変えざるを得ないほど、空間と時間の客観的性質が根本的に変化する過程」（ハーヴェイ一九九九：三〇八）におかれている。すなわち、ハーヴェイは、電子的遠隔通信によってもたらされた「地球村」、経済的、生態学的に相互依存した「宇宙船地球号」を空間と時間の客観的性質の根本的変化として取り上げている。そして、それにともない、われわれが自分たち自身に世界を表象する仕方をまったく根本的に変えざるを得なくなっていると論じている。「時間‐空間の圧縮」は資本主義の地理的発展過程として進行し、われわれが世界を表象する根本的な時間‐空間の態勢を変えてしまった。ハーヴェイが精緻に分析してみせたようにポスト・モダニズム文化はその新たな世界表象なのである。ハーヴェイによれば、ポスト・モダニズム文化は、「時間‐空間の圧縮」が惹起した社会的、文化的、政治的反応としてもたらされた、その世界表象であり、近代の「大きな物語」を否定するものであるどころか資本主義発展という「大きな物語」の一部をなすものであって、フレキシブルな蓄積を再帰的に強化する、「想像的関係」としてのイデオロギーであるさて、その新局面とは、ポスト・フォーディズムのフレキシブルな蓄積体制への転換である。この転換は、時間‐空間の再編成を通じて蓄積の危機を回避する資本主義的動態が、最新鋭の情報科学テクノロジーを領有することで可能となった。流通時間を削減し資本の回転速度を加速しようとする資本の企ては、そのインフラストラクチュアを、文字通りの物的基盤としても象徴的な意味においても、個々の領域的社会の境界を横断して整備しており、新たな「空間的回避調整（spatial fix）」と、新たな時間と空間の表象をもたらしている。

「史的‐地理的唯物論」を標榜するハーヴェイの理論の根幹は、蓄積段階に応じた「空間的回避調整」のあり方に注視する、地理的不均等発展論の精緻化である。不均等発展論自体は古典的な問題に属すが、ハーヴェイはルフェーヴルの議論をふまえて、空間を「社会的プロセスの内部で積極的に生産されると同時に、積極的な契機をも提供するものとして」とらえる（ハーヴェイ二〇〇七：九四）。地理的不均等発展論とは、資本による「空間の生産」の理論なのである。「不均等な地理的発展が反映しているのは、社会や自然環境のシステムとして理解されている生活のネットの中に、異なる社会集団がそれぞれの社会的特性を物質的に埋め込む、そのやり方である」（ハーヴェイ二〇〇七：九五）という。資本主義的生産、流通、消費の論理をもった社会過程が、一定の局限性を持つ生活の組織の中を貫通し、あるいは交織して当該のローカリティ、地域生活をつくりあげる。その視角から、ハーヴェイは、フェルナン・ブローデルやハーバーマスの理論においては資本蓄積が抽象的に捉えられており、「物質生活」「生活世界」の外部にあるものとみなされていると批判している。またカール・ポランニーのいう、市場経済の脱‐埋め込みの理論にもその危険性がある、という。

ハーヴェイの用語法では、「場所」は「領土支配」の論理に、「空間」は「資本による支配」の論理に属している。「二つの論理が、複雑に矛盾しながらも絡み合っている」ことをとらえるべきだとしている。ハーヴェイは、資本蓄積法則から発する社会過程が現実生活のネットワークに埋め込まれていることの把握が、史的唯物論の要諦であると強調する。「場所」とは、ハーヴェイによれば局限性をもったローカリティとして他と区別しうる、建造環境、文化、人口等々の独特の結合体であるが、個別性をもつものではない。というのも、個々の「場所」は資本主義的世界経済という共通の枠組みの一環をなしているからである。それゆえ、「資本主義における社会関係と概念構成から隔離された『生活世界』という隔絶されたヘテロトピア空間の存在」（ハーヴェイ二〇〇七：一〇二）は想定されえないというのである。たしかに「隔離された」それは存在しないだろうし、「生活世界」と「システム」との間の截然とした分離は受け入れがたい。とはいえ、フレキシブルな蓄積がもたらした「時間‐空間の圧縮」は「場所」に根付いたひとびとの時間

‐空間の態勢を相対化してしまうとしても、完全に取って代わることはないであろう。それゆえ、フレキシブルな蓄積が惹起するもの以上にわれわれの経験の仕方を規定するものを否認してはならない。しかし、ハーヴェイは空間、場所の重要性を説くはずの地理学の立場であるにも関わらず、資本主義的社会関係を特権化して、蓄積の論理の優位性を論拠に、場所に基礎をおく地域的抵抗やエスニシティ、ジェンダー、その他のアイデンティティをめぐる抵抗運動を貶価している。

さて、こうしたハーヴェイの命題は、社会形成の根幹を最終審級にして決定審級である経済過程にだけ照準した、旧い史的唯物論からどれほど隔たっているだろうか。資本の蓄積が可能となるためには、資本は「場所」に入り込まなければならず、種々の諸制度・社会諸関係との節合による、いわゆる一種の「歴史的ブロック」を構築しなければならないのである。社会的分業の展開が、「不均等」であることが「法則」であるという形容矛盾を冒さざるを得ないのはそれゆえである。場所はこの節合的全体であることによって、新たに差異化される。不均等である所以が、資本主義的地理論理における場所間の競争にあると同時に、それぞれの場所における種々の社会諸関係の節合関係のありように求められるならば、したがって場所が内的にも多元的であることが認識されるならば、反資本主義的社会的闘争もまた、（階級闘争一元論を正統化するのではなく）多元的な場所‐社会に応じて多元的争点を構築することになるはずだが、ハーヴェイはそうした多元性の主張は、ともすれば諸断片間の熾烈な競争に陥りさせかねないローカルな場所的争点に属すものだとして、グローバルな価値創出連鎖のなかで場所の固有性が失われていることを強調している（ハーヴェイ二〇〇七：一四六）。マッシーが、反動的ナショナリズムから競合的ローカリズム、伝統内向型強迫観念まで、問題含みの場所感覚が再燃しているのに対して、プログレッシヴな場所の定義を対置しているのは、場所的なものを否認しているかに見えるハーヴェイの理論を補うものであると言えよう（Massey 1993: 64）。

また、ハーヴェイの、資本主義とは地理的不均等発展そのものであるというテーゼは、場所／空間あるいはローカル／グローバルのテーマを論じる基礎を与えるはずである。相異なる場所は資本主義的経済空間に配置され、資本主義的経済空間は、場所の局地的性格の背景をなすのである。不均等発展は蓄積のために地理的スケールの階層性（地元、地域、国家、グローバル等）を生み出し領有することであって、あるスケールにおいて意味がある事柄が他のより広いスケールにおいて意味をなさないといったことが生じる（ハーヴェイ二〇〇七：一三二）。このように、場所と空間の関係、ローカルとグローバルとの関係が地理的スケール間の客観的物質的関係として整理されている。

「不均等」であることが資本蓄積の「法則」であるというのは、極めて逆説的な命題である。

場所や空間的にローカルなものが反動的だとして拒絶されるのは、ハーヴェイの不均等発展論が、地理的空間を社会的諸過程の反映と見なしてしまっている。すなわち、地理的不均等発展論においては、地理空間とフレキシブルな蓄積の社会構造とが社会形態学的にハイブリッドなものとしてとらえられていないからにほかならない。ハーヴェイは、地球上の全領域を包摂するような蓄積体制が創り出す地理的スケールの階層性を垂直的な統合構造のメタファーで表象してしまい、諸スケールが互いに浸透し合い、互いに異化しあう状況をとらえていないのである。人々がどのスケールをみずからの「場所」として認知し行為に移るのかという、主体の側面（「時間‐空間の圧縮の経験」）を第一義的に問うことがないのである。すなわち、空間的障壁が消滅するにしたがい場所の差異が浮かび上がるという逆説を、資本投資の戦略的意義においてだけとらえてしまっている。

ポスト・モダニズム文化が表現する差異性、複合性、異種混淆性、多数性は単なるイデオロギー的仮構ではなく、フレキシブルな蓄積様式における時間‐空間の経験の真理にほかならない。ポストモダン文化は、グローバル化した資本主義の時間‐空間の組織化のトポロジーとみられなければならない。ポストモダンの空間形象から、そのトポロジーを同定しなければならない。しかしながら、「時間‐空間の圧縮」概念が認識論的障害となり、時間による空間の絶滅テーゼと同じく、空間的差異を時間継起の同質性に投げ入れることによって（資本の本質は回転時間にある）、ハーヴェイの不均等発展の理論はむしろ没‐空間的な資本主義論となり、ポストモダン的差異ないし空間変容を適切にとらえるにいたらないのである。

既に述べたように、フローの空間によって場所の空間が危殆に瀕している状況をカステルは克明にとらえている。しかし、同時にカステルは、却って場所（領域的アイデンティティ、ローカル・コミュニティ）は、グローバル化によって新たな展開の契機を手にしていると論じている。それは、ハーヴェイが固執する資本に対峙する労働に属する階級の運動ではないが、場所・空間に基づいた社会運動は抵抗の重要な資源であると捉えている。

ハーヴェイの社会運動に対する観点は、いわば「立法者的」観点である。すなわち、ハーヴェイは、生産の超国家的ネットワークや世界市場の回路に断絶をもたらす契機を見出し発動させようとする彼自身のマルクス主義的階級的視座に固執して、社会運動の裡に資本蓄積の構造的矛盾を「空間的回避調整」しようとする軋轢を読み取ろうとする。それに対して、カステルは「解釈者的」観点をとっている。社会運動は、「彼ら自らが名づくるところのものである」という観点である。カステルによれば、社会運動の実践（なによりその言説的実践）はその自己定義（における意味の創出）にほかならない（Castells 1996: chap. 2）。

カステルもハーヴェイも、グローバルなものの共通性の上に、ローカルなもの、場所的なものの多様性や差異がもたらされているととらえている。グローバルなものから隔離されたものを措定してはいない。その意味では、多様性と共通性とは矛盾しない。カステルが「ネットワーク社会」といい、ハーヴェイが「フレキシブルな蓄積体制」というものは、ローカルなもの、場所的なものの差異によって構成された世界についてのグローバルな概念である。然し、ハーヴェイはそこに、グローバルなものによって構築される受動的な現存を見出し、カステルはみずから再帰的に個別性として構築する現存を見出しているのである。

## 四　グローバル・ローカル空間の描像

新しい「生存単位」へと向かっているグローバル化の時代の空間的機制の理解は、「グローバルなもの」と「ローカルなもの」との相互作用がどのように概念化されているかにかかっている。相互作用の枠組みとして、その描像を「モザイクとしての世界（world as mosaic）」「システムとしての世界（world as system）」「ネットワークとしての世界（world as network）」の三つの図式でとりあげよう（Murray 2006: 50）。

## （一）モザイクとしての世界

「モザイクとしての世界」の相互作用の描像では、相異なるローカリティ（地域的に局限的な諸社会）がジグソーパズルの個々のピースのように独立のものが並列している。それぞれの境界が強調され、それぞれのローカルが独特のパーソナリティをもち地理的アイデンティティをもつ。集合的アイデンティティは、時間‐空間の閉鎖性によって画定されるものととらえられる。割り込み、侵入はその「真正性」を冒し伝統への脅威となる。それは、いうなれば環節的社会の並列構造である。こうした相互関係の概念化は、主権国家のモザイク的集合とみることができるが、むしろローカリズムやリージョナリズムが主張されるときのものである。

ローカルの観念には自己閉鎖性ないし自己創設性が含まれている。もはや時代遅れの化石化した差異を以て排他的地方主義（分離主義）が主張されるばあいにも、それがゼロト主義（攘夷的対外姿勢）に拘泥するものと貶価される一方で、差異、唯一性の主張がロマン主義的に理想化されもするのである。また、グローバルなものが領域社会にとって敵対的外圧でしかない場合、グローバル化に対する闘争が他のローカルとの通底項をもたず不可避的に単独のローカルな闘争となってしまう場合の描像でもある。

## (二) システムとしての世界

「システムとしての世界」の相互作用イメージは、グローバル・システムを通してグローバルなものとローカルなものが相互作用するものである。このモデルでは、ローカルなものは、グローバルなシステムの内部における場所の独特な立地によって生産される。このモデルは、国際関係論や平和研究において考察されてきた、中心／周辺、中心／衛星の概念枠組みでの相互作用に妥当する。従属理論の「低開発の開発」テーゼ(アンドレ・G・フランク)によって、発展主義的パースペクティヴにたった「自己展開モデル」による近代化論が信憑性を失ったように、ローカルな差異をその内的固有の特質によって説明する議論に反駁する。システムに基づく説明は、グローバルなシステムと相互作用の条件を文脈にしてローカルなものの歴史を説明する。イマニュエル・ウォーラステインは、グローバルな全体システムがローカルなものをカテゴライズしていく過程を、資本主義的世界-経済システムとインターステイト・システムの二つの概念で捉え、全体が諸社会を個別化する機制を描いてみせた。

ウォーラステインの世界システムはなによりも広い抽象的な相互作用の文脈を表わしていた。スティーブン・ハイマーの多国籍企業論、ジョン・フリードマンの世界都市論が与えるグローバル－ローカルの連関のイメージは、より具体的にグローバルに作用するパワーをもったシステムとして論じられている。すなわち、グローバルな作用をもった制度的枠組みやシステムとして、超国家的実践、超国家的資本家階級、超国家的主体が作り上げているトランス・ナショナルな資本主義機構を、グローバル・システムと名づけることもできよう（スクレアー一九九五）。カステルのフローの空間概念も、遠隔通信技術によってグローバルな金融市場や分散的生産システムを描き出す限りでは、「システムとしての世界」のモデルにあてはまる。ハーヴェイのフレキシブルな蓄積の概念も、フレキシブルな蓄積が生産力の一段階を表すにとどまるとき、この「システムとしての世界」のトポロジーにとどまると言って過言ではないだろう。ハーヴェイが地域的不均等発展論で描き出す空間的分業では、マッシーの「産業立地」の空間構造類型学も同様に、ローカルなもの、ローカリティは国家的、国際的レベルのより広い資本生産プロセスの受け手であり反映とみなされている。それゆえ、むしろ静態的な構造主義的類型学を思わせる側面をもつ。すなわち、このモデルではグローバルなものとローカルなものとは二項対立図式でとらえられ、まさに惑星規模で席巻する超国家的資本主義機構とそれを告発するローカルなものという描像を提供している。

ローカルなものがより大きいスケールからのフローによって影響を受けることは疑いないけれ

ども、このモデルでは往々にしてそれが決定論的に捉えられてしまう難がある。とはいえ、このモデルの範疇として取り上げたウォーラスティンの世界システムは、グローバルなものとローカルなものとが非対称的な関係を結びながら、このグローバルなものの優位のシステムにともに関与し、それを生産＝再生産していることを描きだしており、グローバルなものに対してローカルなるものの閉鎖性を対峙させるのではないことによって、ローカルなものを関係的なものとして描き出す地勢学をも呈示する可能性がある。マッシーの「プログレッシヴな場所感覚」の理論がそうであるように、なによりも個々のローカルなものの存在状況が、すでにつねにローカルなるものの定義を超えたものを含んでおり、グローバルなものとの相関において捉えられるべきものであること、またそれゆえローカルがその自己規定において、開放性と閉鎖性を幾十にも内部に折り畳んだ多重複合的なものであることを呈示している。

「システムとしての世界」が、開放性と閉鎖性の二項対立図式を超える脱領土化のイメージを喚起することができないのは、むしろ、そのツリー型のヒエラルキーによって、ローカルなものがおかれた共通の状況を描き出すことになり、組織化された世界を均質化している側面が前景化されるからである。しかし、今日のグローバル化言説は、冷戦終結後の社会主義経済圏をも巻き込むネオ＝リベラリズムの席巻を俟つ前に、旧来の「新国際分業」（フォルカー・フレーベル）構造が解体し、中心／半周辺／周辺の構造がいっそう流動的なものとなったことを前提にしている。第三世界における「南南問題」のように累乗化した南北問題が生まれていた。カステルのいう「グローバル経済」、ハーヴェイのいう「フレキシブルな蓄積体制」は、そのようなより複雑になった世界的な産業再編成におけるグローバルなものとローカルなものとの新しい連関様式を描き出そうとするものであった。

## (三) ネットワークとしての世界

「ネットワークとしての世界」イメージは、グローバル化が、中心‐周辺構図やグローバル／ローカル構図をそれ自体の中に畳み込み、ヒエラルキー的な世界のイメージをもはや不鮮明なものにしつつあることをふまえている。

アーリは、グローバリゼーションは「領域としての社会のメタファー」や「垂直的な構造のメタファー」でとらえられるべきではなく、「ネットワークや流動体」こそが、グローバルなもののメタファーとなるという。グローバリゼーションは新たな「社会トポロジー」の出来としてとらえられるのである（アーリ 二〇〇六：五八）。

そのトポロジーこそ「ネットワーク」「流動体」である。たとえば、マッシーの「グローバルな場所感覚」概念がはらんでいる、「場所」を同時に「グローバル」となすことを遂行するのが「ネットワーク」である。ローカリティはグローバルなものとの相互作用から構築され、両者はネットワークを通じて解きほぐしがたく絡み合い、織り込まれ、あるいは編み合わせられている。特定の場所と世界の他のところとが結びついている。今日の日常生活に浸透した「転移」の経験はネットワークによる媒介経験として概念化される。すなわち、場所やローカリティはもはや領域的な範疇ではない。マッシーは、ローカリティをグローバルなものとの相互作用から構築されるものとして関係論的にとらえ、場所をプロセスとして、その形態をダイナミックなものとしてとらえる。プログレッシヴな場所感覚とは、場所と空間性との関係性を問うこと、すなわち、所与としての地理的範域や内向化した脅迫的歴史認識から構築される場所の理解を退け、他者、他所との交渉に常に開かれながら常につくり直されている、相互浸透的で多孔的な空間として理解することである（Massey 2005; Massey 1993: 64, 68）。カステルがいうネットワーク空間は、社会形態としてヒトやモノの結合性そのものの変容をいうのであって、マッシーが「グローバルな場所感覚」と呼ぶものの物質的支持にほかならない。ネットワークという社会形態ないし社会トポロジーにおいては、「場所こそリアルであって空間は抽象的である」「ローカルは個別的でグローバルは普遍的である」、といった語法は揚棄される。マッシーが、ローカリティは常に暫定的なもので、常に形成のプロセスにあり、常に抗争しているというように、ネットワークが交叉する点である。場所や景観への感性も固定的ではなく他者とのかかわりにおいてつくり直される。帰属意識も感情も流動的、液状的なものと理解されるものである。

カステルによれば、最尖端の情報通信科学技術がもたらした「年を秒に圧縮し、秒をさらに圧縮して時間を絶滅する」新しい時間性の論理が社会編成の隅々に浸透している。その時間性の論理とは「無時間的時間《タイムレスタイム》」である。タイムレスタイムは、すでにグローバルカジノとなった資本市場、ネットワーク企業の諸実践、フレックスな勤務形態、その他の日常実践に入り込んでいる。モダニティは時計時間をもって空間と社会を編成する原理としていたのに対して、今日ではこのように時計時間は「リアリティの社会的構成」において顧慮されることがなく、むしろ「空間が時間共有的実践の物質的媒体となっている」というのである（Castells 1996: 441）。そして、その物質的媒体となった空間形態がネットワークと呼ばれる。

サスキア・サッセンは、電子空間《サイバースペース》はその伝達能力において定義されるだけでなく、経済活動と経済活動のための新たな構造を構成する空間、新たな経済地政学をもたらす空間とみなさなければならないと論じている（サッセン 二〇〇四：二八一）。つまりそれは、電子空間が資本蓄積とグローバル資本の作動する新しい舞台として登場したのであり、電子空間は社会や経済を組織するより大規模な力学に組み込まれているというのである。サッセンは、電子空間のインフラストラクチャーに注視することによって、グローバル化の基底をなすのは物的施設が集積される場所であり、とりわけグローバル都市であるという経済地政学を導きだしている。それに対して、カステルは社会的生産諸関係を軸とする資本主義と、テクノロジーの布置を軸とする情報主義との二つの軸の連関において社会をとらえるべきであり、また加えて、「ネットワーク」はグローバルな社会経済的関係と、それを創り出しかつそれによって創り出されている物的環境とを区別しないというように、さらに加えて、グローバル都市とは二、三の卓越した都市をいうのではなく、数百の都市が巻き込まれている、この惑星をめぐる支配的機能を分節接合する空間のネットワークであるというように、「グローバル都市は場所ではなく、グローバルなネットワークと連鎖するプロセスである」と論じている（Castells 1996: 417）。

「産業社会から情報社会への多次元的な変容は、新しい空間の形態やプロセスをも含んでいる」（カステル／ヒマネン二〇〇五：一〇七）。カステルの提起しているのは、新しいタイプの社会編制がもたらされており、それにはテクノロジーと組織の変動が中心的な役割を果たしているということである。ネットワーキングの概念は、テクノロジーと組織の両方にまたがる概念として、重要な意義を担っている。情報テクノロジーを不可欠の物的基礎とし、ネットワーキングは、テクノロジーと組織パターン、そしてさらには階級関係との相互作用を記述するものである。新しい情報テクノロジーは社会組織の属性としてネットワーク・テクノロジーになったのであり、そしてネットワークはグローバリゼーションとして語られる社会構造変化の運搬人である。グローバリゼーションとは、ネットワークが支配的社会形態となった段階である。グローバリゼーションは、統合的な社会を創出する単一システムではないということが、情報（的）社会よりもむしろネットワーク社会の概念を鍵概念にするように促している。情報主義を基盤としてネットワーク社会が生まれ、われわれの時代の支配的な社会組織化原理として全世界的に拡大している。

カステルは、ネットワーク空間のオートポイエーシス的特性や非線形的ダイナミクスを強調している。そうしたネットワークとは、情報主義社会における情報技術を内蔵した社会構造の時空間構造である（Castells 1996: 471）。フェリックス・スタルダーによれば、カステルの空間理論はライプニッツの系譜に属すもので、空間は諸事物の間の関係によって相関的に創り出されるというものである（Stalder 2006: chap. 6）。ニュートン力学の絶対空間が否定されるならば、たとえば電磁場がそうであるように、一種の質量的空間（あるいは空間的質量）を論じることができる。ネットワークとはそのような空間形態なのである。それゆえ、カステルは社会的行為に対する社会形態の卓越を強調する（Castells 1996: 469, 500）。ネットワークは今日の社会の空間形態であると同時に社会形態であり、その論理が内在平面となることによって、生産、経験、権力そして文化の諸過程の操作と結果を大きく変えてしまうのである。

それゆえ、情報主義が資本主義の「舞台」なのではなく、むしろ情報主義こそ資本主義を舞台にしているととらえる。たとえば「ネットワーク企業」は、「プロジェクト」を単位にして異なった企業や部署のあいだに一時的に組織され、あるいは再編されるパートナーのネットワークである。ハーヴェイがそれを、情報主義を領有した資本の論理を主題化して「フレキシブルな蓄積」ととらえたのに対し、カステルは情報主義がもたらしたトポロジーを主題化している。すなわち、「ネットワークの論理はネットワークにおけるパワーよりもパワフルなのである」（Castells 1996: 193）。カステルはまた、この命題を敷衍して、ラトゥールの「アクター・ネットワーク」理論に近似したものであると述べている（Castells 2009: 45）。

非資本主義ならびに反資本主義的価値を掲げたネットワークの発達も、情報主義において増殖している。ネットワークの組織形態は経済領域のみならず社会生活のすべての部分に浸透して新しい社会形態をつくり出している。ギデンズが「境界画定された権力容器」と呼んだ「国民国家」は、グローバリゼーションによって開かれた世界地平においては、「ネットワーク国家」という新しい配列を余儀なくされている。そこでは、モザイクとしての世界の描像、システムとしての世界の描像は壊頽している。

デヴィッド・ヘルドが「新しい中世主義」を懸念して、「国家は〈主権〉的実体としての機能を低減し国際的〈政体〉の構成要素として機能するようになる。その主要機能は、スプラナショナルなガヴァナンスとサブナショナルなガヴァナンスの機制に正当性を供給しそれらの責任を確実なものにすることである」というのに対して、カステルは、「スプラ-」と「サブ-」の二方面だけをとりあげる単純図式をしりぞけ、国家の多孔化はより複雑な、名状しがたい権力資源に悩まされているのだという。つまり、資本、生産、コミュニケーション、犯罪、国際的諸制度、超国家的軍事機構、NGO、超国家的宗教、世論運動、その他テロリズム運動を含むあらゆる事柄に関する社会運動のネットワークに。また、国家の下にはコミュニティ、部族、ローカリティ、カルト、それにギャングが存在する。カステルは、「より広汎な権力ネットワークのノード」となるのが、国民国家の将来なのだという（Castells 2004: 357）。コスモポリタンは、国民国家を超えたトランスナショナルな議会制度・司法機関・行政機関を制定して、市民社会の諸機関が国際政治に参画するグローバルな民主主義の制度を構築しようとする。それに対して、カステルが描き出すグローバルな市民社会の描像は、コスモポリタンの集合などではなく、トランス・ナショナルな複合的＝多元的言説の敵対的矛盾関係である。

## 五　結びにかえて

ここまで、場所、領域、空間、ネットワーク等々の術語をメタファーとして、グローバル化社会諸理論の諸特質を述べてきた。最後に、ネットワーク空間による「場所」の止揚について述べておこう。

われわれのコミュニケーション過程は、すでに時間的に、また空間的に限定されたコンテクストから引き離されている。特にインターネットによってもたらされたヴァーチャル・コミュニティは、ローカリティとソーシャビリティのあいだの関係を激変させている。すなわち、「領域的に束縛された人の相互作用の形態にとり代わって、新しい選択性の社会諸関係の様式がもたらされている。」(Castells 2001: 116)。ヴァーチャル・コミュニティは、ソーシャビリティのための新しいテクノロジー的支持物となっており、場所にもとづくソーシャビリティはもはや卓越性を持たない。郊外においても都市部においても、ネットワークがソーシャビリティの支持物としての場所に取って代わっている(Castells 2001: 126)。すなわち、「インターネット時代の新しい社会的相互作用の諸形態はコミュニティの再定義の上になされている」のであって、「コミュニティは人格間の絆のネットワークであり、ソーシャビリティ、支援、情報、帰属の感覚、そして社会的アイデンティティを供給する」といったコミュニティの観念は、「社会的行為者の選択と戦略によってつくられるネットワーク」に置き換わっているのである（Castells 2001: 127）。

ギデンズやベックと並んでカステルも、今日の社会関係の支配的トレンドを個人主義であるととらえる。しかし、この個人主義は近代的個人が語られるときの自律的存在ではない。ソーシャビリティの新しい様式であって、心理学的属性ではない。社会関係がインターネットによってネットワーク的に構造化されるにつれ、個人主義に基づくソーシャビリティの新しい様式がもたらされる。すなわち、「今日の社会における新しいソーシャビリティの様式は、ネットワーク化された個人主義（networked individualism）である」（Castells 2001: 129）。

前近代的「場所」および近代的「空間」を解体しているネットワークは、その代わりに「社会的行為者の選択と戦略によってつくられるネットワーク」を与え、ネットワークを属性とした、あるいはネットワークを装備した個人をもたらすのである。

## 参考文献

Appadurai, A. (1990) 'Disjunction and difference in the global cultural economy' in Featherstone, M. (ed.) *Global Culture: Nationalism, Globalization and Modernity*, London: Sage.

———— (2000) Grassroots Globalization and the Research Imagination, in *Public Culture*, vol. 12(1), winter.
Augé, Marc (1999) *Pour une Anthropologie des mondes contemporains*, Paris: Aubier.（マルク・オジェ『同時代世界の人類学』森山工訳、藤原書店、二〇〇二年）
Bagby, Philip (1958) *Culture and History: Prolegomena to the Comparative Study of Civilization*, Berkeley, CA: University of California Press.（フィリップ・バグビー『文化と歴史――文明の比較研究序説』山本新・堤彪訳、創文社、一九七六年）
Castells, M. (1996) *The Rise of the Network Society, The Information Age: Economy, Society and Culture, vol. I*, Oxford: Blackwell.
———— (2001) *The Internet Galaxy: Reflections on the Internet, Business, and Society*, Oxford: Oxford University Press.
———— (2004) *The Rise of the Network Society, The Information Age: Economy, Society and Culture, vol. I*, 2nd edn, Oxford: Blackwell.
———— (2009) *Communication Power*, Oxford: Oxford University Press.
Giddens, A. (1995) *A Contemporary Critique of Historical Materialism*, 2nd Edition, London: Macmillan.
Himanen, Pekka (2001) *The Hacker Ethic and the Spirit of the Information Age*, New York: Random House.（P・ヒマネン『リナックスの革命――ハッカー倫理とネット社会の精神』安原和見・山形浩生訳、河出書房新社、二〇〇一年）
Massey, Doreen (1993) 'Power-geometry and a progressive sence of place,' in J. Bird, B. Curtis, T. Putnam, G. Robertson and L. Tickner (eds.), *Mapping the Futures: local cultures, global change*, London: Routledge, pp. 59-69.（D・B・マッシー「権力の幾何学と進歩的な場所感覚――グローバル／ローカルな空間の論理」加藤政洋訳、『思想』第九三三号、二〇〇二年）
———— (2005) *For Space*, London: Sage.
Murray, Warwick E. (2006) *Geographies of Globalization*, London: Routledge.

Relph, Edward (1976) *Place and Placelessness*, London: Pion.（エドワード・レルフ『場所の現象学――没場所性を越えて』高野岳彦・阿部隆・石山美也子訳、筑摩書房、一九九一年〔ちくま学芸文庫、一九九九年〕）
Robertson, R. (1990) 'Mapping the Global Condition: Globalization as the Central Concept,' in Featherstone, M. (ed.), *Global Vulture: Nationalism, Globalization, Modernity*, London: Sage.
―――― (1991) 'Social Theory, Cultural Relativity and the Problem of Globality,' in A. D. King (ed.), *Culture Globalization and the World-system*, London: Macmillan.
―――― & B. S. Turner (1991) *Talcot Parsons*, London: Sage.（ロランド・ロバートソン／ブライアン・S・ターナー『近代性の理論――パーソンズの射程』中久郎・清野正義・進藤雄三訳、恒星社厚生閣、一九九五年）
Stalder, F. (2006) *Manuel Castells*, Cambridge: Polity Press.
Tomlinson, John (1991) *Cultural Imperialism: A Critical Introduction*, London: Continuum.（ジョン・トムリンソン『文化帝国主義』片岡信訳、青土社、一九九三年）
Waters, M. (1995) *Globalization*, London: Routledge.
アーリ、ジョン（二〇〇六）『社会を越える社会学――移動・環境・シチズンシップ』吉原直樹監訳、法政大学出版局（J. Urry, *Sociology beyond Societies: mobilities for the twenty-first century*, London: Routledge, 2000）
エリアス、ノルベルト（一九七七／一九七八）『文明化の過程（上・下）』赤井慧爾・波田節夫他訳、法政大学出版局（N. Elias, *Über den Prozeß der Zivilisation*, Francke Verlag, 1969）。
――――（二〇〇〇）『諸個人の社会』右京早苗訳、法政大学出版局（N. Elias, *Die Gesellschaft der Individuen* (ed. by Schröter, M.), Frankfurt a. M.: Suhrkamp Verlag, 1991）。
カステル、マニュエル／ペッカ・ヒマネン（二〇〇五）『情報社会と福祉国家――フィンランド・モデル』高橋睦子訳、ミネルヴァ書房（M. Castells & P. Himanen, *The Information Society and the Welfare State: The Finnish Model*, Oxford: Oxford University Press, 2002）

ギデンズ、アンソニー（一九八九）『社会理論の最前線』友枝敏雄・今田高俊・森重雄訳、ハーベスト社（A. Giddens, *Central Problems in Social Theory: Action, Structure, and Contradiction in Social Analysis*, Berkeley, CA: University of California Press, 1979）。

――（一九九三）『近代とはいかなる時代か？――モダニティの帰結』松尾精文・小幡正敏訳、而立書房（A. Giddens, *The Consequences of Modernity*, Cambridge: Polity Press, 1990）

――（一九九七）「ポスト伝統社会に生きること」A・ギデンズ、U・ベック、S・ラッシュ『再帰的近代化――近現代における政治・伝統・美的原理』松尾清文・叶堂隆三・小幡正敏訳、而立書房（A. Giddens, 'Living in a Post-traditional Society,' in U. Beck, A. Giddens, and S. Lash, *Reflexive Modernization*, Cambridge: Polity Press, 1994）

――（一九九九a）『国民国家と暴力』松尾精文・小幡正敏訳、而立書房（A. Giddens, *The Nation-State and Violence*, Cambridge: Polity Press, 1985）

――（一九九九b）『第三の道――効率と公正の新たな同盟』佐和隆光訳、日本経済新聞社（A. Giddens, *The Third Way: the Renewal of Social Democracy*, Cambridge: Polity Press, 1998）。

サッセン、サスキア（二〇〇四）『グローバル空間の政治経済学――都市・移民・情報化』田淵太一他訳、岩波書店（S. Sassen, *Globalization and Its Discontents*, New York: The New Press, 1998）。

芝井敬司（一九九八）「十八世紀後半における空間の消滅」樋口謹一編『空間の世紀』筑摩書房。

スクレアー、L（一九九五）『グローバル・システムの社会学』野沢慎司訳、玉川大学出版部（L. Sklair, *Sociology*

*Global System: Social Change in Global Perspective*, Englewood Cliffs, NJ: Prentice-Hall, 1990）。
トムリンソン、J（二〇〇〇）『グローバリゼーション――文化帝国主義を超えて』片岡信訳、青土社（John Tomlinson, *Globalization and Cilture*, Cambridge: Polity Press, 1999）
パーソンズ、タルコット（一九七七）『近代社会の体系』井門富二夫訳、至誠堂（T. Parsons, *The System of Modern Societies*, Englewood Cliffs, NJ: Prentice-Hall, 1971）
ハーバーマス、ユルゲン（二〇〇三）『事実性と妥当性（下）』河上倫逸・耳野健二訳、未來社（J. Habermas, *Faktizität und Geltung: Beiträge zur Diskurstheorie des Rechts und des demokratischen Rechtsstaats*, Frankfurt a. M.: Suhrkamp Verlag, 1992）。
ハーヴェイ、デヴィッド（一九九九）『ポスト・モダニティの条件』吉原直樹監訳、青木書店（D. Harvey, *The Condition of Postmodernity: An Enquiry into the Origins of Cultural Change*, Oxford: Blackwell, 1989）
――（二〇〇七）『ネオリベラリズムとは何か』本橋哲也訳、青土社（D. Harvey, *Spaces of Neoliberalization: Towards a Theory of Uneven Geographical Development*, Stuttgart: Franz Steiner Verlag, 2005）
バウマン、ジグムント（一九九五）『立法者と解釈者――モダニティ・ポストモダニティ・知識人』向山恭一・萩原能久・木村光太郎・奈良和重訳、昭和堂（Z. Bauman, *Legislators and Interpreters: On Modernity, Post-Modernity and Intellectuals*, Cambridge: Polity Press, 1987）。
樋口謹一（一九八八）「なぜ空間の世紀か」樋口謹一編『空間の世紀』筑摩書房。
ベック、ウルリッヒ（二〇〇五）『グローバル化の社会学――グローバリズムの誤謬－グローバル化への応答』木前利秋・中村健吾監訳、国文社（Ulrich Beck, *Was ist Globalisierung?*, Frankfurt a. M.: Suhrkamp Verlag, 1997）
――（二〇〇三）『世界リスク社会論――テロ、戦争、自然破壊』島村賢一訳、平凡社〔ちくま学芸文庫、

二〇一〇年〕（U. Beck *Weltrisikogesellschaft: Weltöffentlichkeit und globale Subpolitik*, Frankfurt a. M.: Suhrkamp Verlag, 1996 / *Das Schweigen der Wörter: Über Terror und Krieg*, Wien: Picus Verlag, 2002）

ムフ、シャンタル（一九九三）『政治的なるものの復興』千葉眞・土井美徳他訳、日本経済評論社（Chantal Mouffe *The return of the political*, Londonl: Verso, 1993）

ルフェーヴル、アンリ（二〇〇〇）『空間の生産』斉藤日出治訳、青木書店（H. Lefebvre *La Production de L'espace*, Paris: Éditions Anthropos, 1974）

ロバートソン、R（一九九七）『グローバリゼーション——地球文化の社会理論』阿部美哉訳、東京大学出版会（R. Robertson, *Globalization: Social Theory and Global Culture*, London: Sage, 1992）

# 第二章　情報化と乖離する世界

## ――マニュエル・カステル The information age trilogy の検討

笹島秀晃

### 一　情報化時代の「開かれた都市空間」のために

本章では、グローバル社会、情報化社会の中で立ちあらわれる都市空間について考察する。都市空間における、グローバルなものの現れと、グローバルなものに汲みつくされないローカルの乖離の状況を指摘しつつ、「開かれた都市空間」のための要諦を明らかにする。

上述の課題に対して、本章では、マニュエル・カステルの社会理論に依拠しながら論を進める。カステルの著作の中でも特に、一九九六年以降に出版された『ネットワーク社会の誕生』、『アイデンティティの力』、『ミレニアムの終焉』からなる「情報時代三部作 The information age trilogy」（以下ＩＡ三部作と略記）と、それらに関連する諸事例を検討する。ＩＡ三部作は、カステルの現在までの主張が包括的にまとめられた著作であるとともに、情報化社会の社会構造・空間を理解する際に有用な著作である。

以下、本稿の概略を示す。第二節では、IA三部作における主要な論点を整理しつつ、情報化社会に対するカステルの大局的な視座を確認する。カステルが、情報化社会の社会構造的特徴として提示するのは、「ネット」(the Net)と「セルフ」(the self)の対立である。本稿では特に、IA三部作をカステル理論の学説史的な流れの中に位置づけることで両概念の含意を明確にする。第三節では、「ネット」と「セルフ」という情報化社会の社会構造的矛盾が、いかなる形態で都市空間の中に現れているかを記述する。その際、「フローの空間 space of flow」、「場所の空間 space of place」というカステルの提示する概念を議論の手がかりとする。「フローの空間」、「場所の空間」は、「ネット」と「セルフ」の論理が空間という人間の経験の物質的基盤で表出したものとされる。ここでは、IA三部作で言及される事例(エッジシティ、メガシティ)にもふれながら議論を展開する。最終節である第四節では、「ネット」と「セルフ」の論理によって生み出される現代の都市空間における乖離の状況と、「開かれた都市空間」のための課題を、レム・コールハースのジェネリックシティ論を援用しながら検討する。

## 二　情報化社会の社会構造的特徴

### （一）IA三部作までのカステルの理論的変遷――「構造／空間」と「社会的行為者／社会運動」

カステルの理論的変遷をフォローするにあたっては、最初期の著作である一九七二年の『都市問題』、中期の著作である一九八三年の『都市とグラスルーツ（以下グラスルーツ）』と一九八九年の『情報化都市』、そして一九九六年以降のIA三部作への流れを押さえる必要がある。

『都市問題』は、一九六〇年代以降の福祉国家的なレジーム、国家独占資本主義の時代状況の中で執筆された。構造主義的マルクス主義を援用した社会構造理解、及び当時の空間編成と社会運動の発生要因の関係性を分析することによって、都市と社会変動のダイナミズムを解明しようと試みられた。具体的には、社会構造を図式的に概念化し、社会構造の機能に対応する建造物の立地を分析することによって、都市の空間編成が理論化された。同時に、住宅問題や都市再開発の事例に着目しつつ、社会構造と建造物の立地に対する社会運動の関係性が分析され、社会変動発生のメカニズムが理論化された。

そこでは、すでにその後のカステル理論の原型となる理論枠組みが展開されている。それは、

①同時代の趨勢に対する大局的な視座、②「構造／空間」というマクロな要素の理論化、③「社会的行為者／社会運動」というミクロな要素の分析、という三つの論点の相互関係性に準拠して展開される都市と社会の変動論である。しかしこの試みは、後年、カステル自身が理論と実証の「異様な異花受精」（カステル 一九九七：五二四）と称したような、過剰に図式的な枠組みの中で、『都市問題』の段階では不十分な結果に終わっている。しかし、『都市問題』で形作られた社会問題への関心と社会変動に対する包括的理解の志向性は、試行錯誤の中でその後の著作へと引き継がれていく。

『都市問題』以後、カステルは、八〇年代に出現した新たな時代状況を分析しつつ、「構造／空間」・「社会的行為者／社会運動」という、『都市問題』では接合して検討された論点を個々の研究課題として追求していく。『グラスルーツ』においては「社会的行為者／社会運動」の論点が、また『情報化都市』においては「構造／空間」の論点が議論されている。

カステルは八〇年代以降の社会の「構造／空間」的状況を、「情報発展様式」と「フローの空間」という概念で特徴づける（Castells 1989; カステル 一九九七）。「情報発展様式」とは、ダニエル・ベル、アラン・トゥレーヌらの理論に依拠しながら展開された概念で、生産性の増減が原材料、労働力といった物材の絶対量によって変動するような生産様式から、生産システムの効率的編成に関わる知識、もしくはブランド品などの価値付けといった、知識・情報によって生産性が規定される生産様式への変化を記述した概念である。「フローの空間」は、ＩＡ三部作において中心的に議論されている概念でもあるが、カステルの主要な著作の中では『情報化都市』ではじめて提示された。ただし『グラスルーツ』の中では、「フローの空間」という言葉自体は使用されていないものの、明らかに同様の空間への見解が示されている（カステル 一九九七：五五二―五六五）。三つの著作の中で「フローの空間」概念の含意に違いはほとんどないため、八〇年代前半から一貫してカステルがこの枠組みを保持していることがわかる。「フローの空間」概念については第三節で後述する。

一九八三年の『グラスルーツ』では、「情報発展様式」の構造的趨勢のもとでの社会運動の分析がなされる。トゥレーヌにならい、「脱工業化社会」（情報発展様式）における「新しい社会運動」に焦点をあて、長期間にわたるフィールドワークに基づいたモノグラフを作り上げた。具体的には、パリ郊外の住宅問題、サンフランシスコのゲイコミュニティ運動、マドリードでの市民運動などの詳細な描写をふまえ、都市と社会の変動をになう主体の解明が試みられている。モノグラフ的な手法への接近の中で、ＩＡ三部作における中心的な論点である意味・アイデンティティへの着眼が見られることは注目すべき点である。一九八九年の『情報化都市』では、『グラスルーツ』では示唆的にしか記述されなかった「脱工業化社会」（情報発展様式）の構造的特性と空間の変化によりいっそう焦点が当てられている。具体的には、情報技術の発展に伴うグローバル企業の新国際分業体制など、より詳細な経済体制の分析と、ＩＣチップなどの情報産業を中心とするシリコンバレーの企業立地が検討されている。こうした論点の中で「フローの空間」の問題が指摘されている。

ここまで、『都市問題』における「構造／空間」と「社会的行為者／社会運動」を統合的に捉える試みから、『グラスルーツ』・『情報化都市』における「構造／空間」と「社会的行為者／社会運動」を別々の問題として個別に検討するに至るカステルの理論的変遷を見てきた。ＩＡ三部作は、この延長線上にあるわけだが、次のカステルの記述は、彼の研究関心の推移を理解するにあたって非常に重要なものである。

> 社会運動はおおむね自立的な主体として見受けられた。また、私は構造と行為者を関連づける理論的方法を持っていなかった。それゆえに、〔『グラスルーツ』で〕私は行為者に集中することにした。構造と、構造と行為者の相互関係は後の著作に残しておくことにしたのだ（何年もたった後、私は三部作の中でこれを試みた）。（Castells 2006: 221. 傍点、〔 〕内筆者）

ここでカステルは、ＩＡ三部作が情報化社会という「構造／空間」における「社会的行為者／社会運動」に関する総合的な記述であることを述べている。それは『グラスルーツ』と『情報化都市』では個別に検討された論点を、再び結びつけたことを示唆している。その意味で、ＩＡ三部作は、『都市問題』のプロジェクトを現代において試みた著作とも位置づけられる。

ＩＡ三部作では、カステルの言葉で言うならば、「生産 production」・「経験 experience」・「権力 power」の基礎概念によって分類される三つの主要な社会領域における豊富な事例が取り上げられながら、「構造／空間」と「社会的行為者／社会運動」の統合的把握が目指される[1]（Castells [1996] 2000: 500）。「生産」・「経験」・「権力」領域における変動は、それぞれ「情報化資本主義」・「家父長制の危機」・「国民国家の危機」として、もっとも象徴的に現れると指摘される（Castells [1996] 2000: 500; Castells [1998] 2000: 371-82）。グローバル化、情報化した生産体制は、金融経済主導の資本主義をもたらした。グローバル化による流動的な社会状況の出現は、女性の社会進出を促進し、旧来の家父長制的な家族形態に変化をもたらした。また、国内外にまたがる経済活動、ツーリスト、移民といった人的移動の興隆は、社会福祉、シチズンシップなど国民国家の構造的な限界を露呈させ、結果として東南アジア経済圏やＥＵなどの新たなガバナンスの出現をもたらしている。ＩＡ三部作では、情報化社会における「生産」・「経験」・「権力」領域の変動が、三部作それぞれの著作に対応する形で論述されている。こうした分析を通して、情報化社会における「構造／空間」、「社会的行為者／社会運動」の関係性が検討されるのである。

こうした理論枠組みの中で提示されるのが、「ネット」と「セルフ」の概念である。グローバル社会における「構造／空間」、「社会的行為者／社会運動」の関係を、「ネット」と「セルフ」という概念によって、どのようにカステルは把握しているのだろうか。次にこの点を確認しよう。

## (二)「ネット」と「セルフ」

カステルは、情報技術が飛躍的に普及したグローバル社会では、「ネット」と「セルフ」の対立が構造的矛盾となってあらわれることを指摘する (Castells [1996] 2000: 3)。「ネット」とは、グローバルな金融ネットワーク、多国籍企業などのような、旧来の国民国家、地方自治体などの領域的な社会形態とは区別されるネットワーク状の脱領域的な社会形態を意味する。「セルフ」とは、「ネット」のグローバルな流動性の中で、伝統社会におけるアイデンティティの基盤が揺らぎ、従来の形での生における意味の創出が困難になる時代状況の反動で、民族的、宗教的なものによって意味の源泉を担保しようとする集合的アイデンティティのあり方をあらわす概念である。

「ネット」というグローバルな「構造／空間」的ロジックの一方で、「社会的行為者／社会運動」においてアイデンティティの問題が顕在化し、新たなミレニアムの時代の象徴的な問題となっている。

### ①「ネット」――情報化時代の社会圏

グローバル社会のマクロな構造を特徴づける「情報発展様式」と「フローの空間」概念は、八三年の『グラスルーツ』からＩＡ三部作に至るまで、基本的に変化はないことは先に指摘した。一方、ＩＡ三部作では、上述の二つの概念のほかに、新たに「ネットワーク」という社会形態的特徴が加えられる。カステルは、現代はなによりもネットワーク社会であると述べる（Castells [1996] 2000）。グローバル社会の「構造／空間」が「ネット」と表現される所以である。

カステルの言葉によるならば、「ネットワーク」とは、「相互に連結したノードの連なり」、「ノードとはつながりが交差する場所」という表現で定義される（Castells [1996] 2000: 501）。しかし、このネットワーク概念が意味するカステルの意図を理解するためには、この定義だけでは十分ではない。なぜなら、交換を基本的な生業としてきた人間の社会において、何かしらの場所・人は他とつながり、何らかの交差地点になり流通網を形成してきたからである。

カステルが現代をネットワーク社会として他の時代と差異化して記述するのは、情報・人・資本・物の流動化によって、主に国民国家の領域に順拠したガバメント的社会形態とは区別される、別様の社会形態が出現しているためである。陸、海、空に張り巡らされた輸送サービスの発達は、個人レベルでの物財のやり取りの労力を軽減させ、輸送スピードを飛躍的に高めた。政治領域を見ても、二度にわたる世界大戦、東西冷戦など、政治体制、諸国民国家間の対立の崩壊は、惑星規模でのコミュニケーションの端緒となった。そしてなによりも、九〇年代以降爆発的に拡散するインターネットなどの電子情報網は、グローバルな規模でのn対nのコミュニケーション基盤を成り立たせた。こうして個人単位にまで降り立つグローバルな規模での交換ネットワークは、従来とは質的に異なる社会形態を可能にさせる。国民国家、地方自治体という枠組みの中での、一部の地域や主要都市を中心に、中央‐末端の非対称な関係性で組織される社会形態ではなく、大小すべての地域が、それぞれの地域間で展開される社会活動の特質に応じて、対称的に接合される社会形態（ネットワーク）への移行である。

ネットワーク的社会形態は、原理的にはすべての地域を対称的に接合する、ある種理想的な契機を有する。しかし、カステルは次のように指摘する。

制度的な交換のグローバルなネットワークは、個人、集団、地域、国家でさえも選択的に切り離す。ネットワークにおいて処理される目的を満たす中で、戦略的な決定の冷たいフローの中で、自身の妥当性に従って、その包摂、切断を行うのである。（Castells [1996] 2000: 3）

「ネット」は、世界中の人びとを接合する可能性をもつ一方で、現実社会においてそのコミュニケーションの回路は、ネットワーク内の支配的な社会諸力の論理によって形作られる。一部の人々の論理によって、「ネット」の編成が決定され、その「ネット」の論理によって、ネットワークに乗れるものとネットワークに乗れないものが生み出されるのである。その中で、ガバメント的な非対称性とは異なる形で新たなデバイドが生み出される。

こうした情報化社会の新たなデバイドの出現こそ、ＩＡ三部作でカステルが問題とする論点にほかならない。情報化社会の構造は、「ネット」というグローバルな関係性の基盤の中に組み入れられているもの達の論理のなかで、はじき出される社会集団を生み出すのである。それでは、切り離された社会集団は、どのようにふるまうのか。カステルは、『都市問題』から続く「社会的行為者／社会運動」への視点の中で、この問題を捉えていく。もう一つの論点である「セルフ」概念は、ここから導出されていく。

## ②「セルフ」――情報化社会におけるアイデンティティ闘争

情報化社会の「ネット」の論理によって生じる、グローバルネットワーク内外のデバイドは、アイデンティティを争点として問題化する（Castells [1997] 2004）。カステルは、エリク・エリクソンの定義を引き継ぎながら、アイデンティティを、社会との関係性の中で構築されながらも、相対的に自立的にパーソナリティを統合するものとして理解する（Castells [1997] 2004: 7）。こうした理解を踏まえて、情報化社会におけるアイデンティティの構築について、ギデンズの再帰的自己論を援用しながら議論を展開する（Castells [1997] 2004: 10-11）。ギデンズは後期近代社会において、自己が再帰的なプロジェクトになることを主張する。カステルは、ギデンズの次の叙述を引用している。

> 伝統がその拘束力を失うにつれ、そして日々の生活がローカルなものとグローバルなものとの弁証法的相互作用によって再構成されるにつれ、ますます個人は多様な選択肢のあいだでライフスタイルの選択を切り抜ける必要に迫られるようになる。……再帰的に組織化された生活設計は、自己 - アイデンティティの構造化の中心的な特徴となる。（ギデンズ 二〇〇五：五―六）

しかし、「ネット」の論理によってもたらされるグローバルネットワーク内外のデバイドは、生活設計の際依拠すべき日常生活に亀裂をもたらす。こうした中で「時間なきグローバルネットワークのフローの空間に住まうエリートと、そのエリートに付随するローカルを除いて、再帰的な生活設計の計画が不可能になる」、とカステルは述べる（Castells [1997] 2004: 11）。すなわち、グローバルネットワークの外に生きるものは、グローバルなコンテクストを欠いたローカルなコンテクストのみに依拠して、アイデンティティを構築する道を選ばざるを得ない。その中で、「宗教的原理主義」、「ナショナリズム」、「民族的アイデンティティ」、「領域的アイデンティティ」（Castells [1997] 2004: 12）に準拠した、集合的アイデンティティの構築と、それをイッシューとした社会運動が生じる。『アイデンティティの力』で言及される、アルカイーダをはじめとした宗教原理主義的な運動や、アメリカの愛国主義運動などは、こうした「ネット」と「セルフ」のデバイドの中で、アイデンティティに準拠した闘争の例である。

カステルは、トゥレーヌが指摘したプログラム化社会における、市民社会への外部からの介入という理論図式を引き継ぎつつ、ネットワーク社会におけるアイデンティティ闘争の分析と運動をになう主体の導出を試みていく。その中で、上述したアイデンティティ闘争を、ある意味肯定的に捉える態度を示している（Castells [1997] 2004: 11-2, 68-70, 419-28）。現時点での運動の暴力性自体は否定するものの、情報化社会の変動をになう主体は、市民社会的な連帯ではなく、アイデンティティによって接合された「共同体 commune」であるとするのである。筆者はこうしたカステルの視点はある種の問題をはらんでいると考えるが、この論点は第三節で考察することにし、とりあえずここでは、グローバルネットワーク内外のデバイドが、アイデンティティの問題として表出しているという、カステルの情報化社会に対する俯瞰的なまなざしを確認して、都市空間の議論へと移りたい。

## 三　情報化社会の都市空間

### （一）カステルの空間概念――「社会的実践の物質的基盤」としての空間

カステルは、空間を「社会的実践の物質的基盤」（Castells [1996] 2000: 441）と表現する[2]。人間は身体的存在であり、社会的な相互行為は外的、物質的環境の中で行われる。この意味で、社会的関係性はその物質性、さらには時空の位相によって規定されている。地球の裏側の人と（何らかの技術的媒介なしでは）会話はできないし、百年前に生きた人と会話もできない。われわれは時空をこえて社会的活動を営むことはできないし、したがって時空の位相は社会的経験の出発点となる。ゆえに、時空の問題はそれが我々の経験の根本的な位相であるがゆえに、無視できない論点となる。こうした世界の物質的位相を、社会的関係性の基盤にあるものとして、その重要性を指摘しているところにカステル理論の特徴がある。なによりも、社会的実践における時空の位相の変化は、情報化社会論以降では特に重要な点として指摘される。ネットワーク社会の進展に伴う、経済領域をはじめとした社会変化は、時空を変容させながら進展してきた。カステルによると、社会の物質的位相には時間と空間の二つがあり、二つは密接に関係しているが、整理のため区別して検討することが重要であるとされる(3)（Castells [1996] 2000: 407）。カステルは、空間に対しては物理学、数学、哲学などの多様なアプローチがあることを認めつつ、差異化した形で示される社会学独自の空間認識を主張する（Castells [1996] 2000: 441）。それは、社会的実践と関わる限りにおいてのみ、空間を分析の俎上にあげようとするアプローチである。

カステルの空間理解は、若干の理論的展開はあるものの、初期の著作から一貫している。

空間は、人間と、または他の物質的生産物とかかわり合う物質的生産物である。人間は、空間に形態、機能、社会的意味を与える〔歴史的な〕社会関係に入り込む。(Castells [1996] 2000: 441)

空間は、タイムシェアリングな社会的実践の物質的基盤 material support である。そして、いかなる物質的基盤も、常に象徴的な意味と関わっていることはすぐさま付け加えられるべきだろう。(Castells [1996] 2000: 441)

ここで、「物質的生産物」という言葉の背景にあるのは、マルクス主義的な「生産」の概念である。人間は、生きる中で自然に働きかけ、それを加工し糧を得る。そこで加工されるのは、原料といった諸事物だけでなく自然環境も同様である。カステルは、人間の生産、再生産過程の中で変容される外的環境のことを「物質的生産物」と表現し、その意味で、空間という言葉で、社会的関係性の中で加工され、それゆえに社会的属性を表現する外的環境の物質的側面を指摘している。こうした認識は、以下のマルクスの言葉とひびき合う。

およそ過程が行われるために必要なすべての対象的条件がある。それらは直接には過程にはいらないが、それらなしでは過程はまったく進行することができないか、または不十分にしか進行することができない。この種類の一般的労働手段はやはり土地そのものである。なぜならば、土地は労働者に彼の立つ場所（locus standi《ママ》）を与え、また彼の過程に仕事の場（field of employment《ママ》）を与えるからである。この種のすでに労働によって媒介されている労働手段は、たとえば作業用の建物や運河や道路などである。（マルクス 一九八三：三〇九）

カステルの「空間」概念が含意しているのは、道路であり建物であり土地であり、社会的諸実践の基盤となる物質的環境なのである。したがって、「フローの空間」は、情報化社会における社会的実践の物質的環境を意味している。

## （二）乖離する空間――〈フローの空間〉、〈場所の空間〉

「フローの空間」に対して、カステルは、以下のような定義をしている。

> フローの空間とは、フローを介して機能するタイムシェアリングな社会的実践の物質的組織である（Castells [1996] 2000: 442）

フローを、本書〔『ネットワーク社会の誕生』〕では、社会の経済的、政治的、象徴的構造において社会的行為者によっておこなわれる、物理的に離れた位置間の、目的を持ち、反復され、プログラム化された交換や相互作用のプロセスとして理解する。（Castells [1996] 2000: 442）

特に、二つ目の引用から見るならば、「フローの空間」とは、ギデンズが言うところの「脱埋め込み」（ギデンズ 一九九三：三五―四四）を、フロー（流れ）のメタファーで発展的に位置づけ直した概念であると考えられる。(4) 指摘されているのは「資本の流れ、情報の流れ、技術の流れ、組織的相互作用の流れ、イメージ、音、シンボルの流れ」（Castells [1996] 2000: 442）の媒介によって成り立つ、物理的に離れた位置間での社会的実践（カステルの言葉では「プロセス」）であり、その社会実践を成り立たせる物質的基盤である。

もっとも原始的な時代の物質的基盤は、むき出しの自然であり、社会的実践を身体の移動性のみに限定させていた。しかし、メディアの出現に伴う物質的基盤の変化は、身体的移動性を超えた範囲での社会的実践を可能とさせる。より広い領域に準拠した社会的実践とその物質的基盤は、行為者の生活圏の拡大を意味する。「フローの空間」とは、この事態の延長線上にある。輸送網や電子メディアの爆発的普及といったネットワーク社会の物質的基盤の変化は、世界中を走りめぐるネットワークを介したヒト・カネ・モノ・イメージの流動を可能にさせ、これまでとは全く異なる規模、布置形態の社会的コミュニケーションをもたらしたのである。

フローの流動をになう物質的基盤として、カステルは三つの層を指摘している。基盤の第一の層は、電子的コミュニケーションを可能とさせる「電子的交換の回路 a circuit of electric exchanges」、すなわち電子通信網などのインフラである（Castells [1996] 2000: 442）。具体的には、「マイクロエレクトロニクスを基盤とした機器、電子通信、コンピュータ処理、放送システム、情報技術に基づくハイスピードな輸送」（Castells [1996] 2000: 442）と述べられる。第二の層は、「ノード」と「ハブ」と呼ばれる、グローバルネットワークを一つのシステムとして成り立たせる上で機能的な位置をになう領域、または地点である（Castells [1996] 2000: 443）。コンピュータシステムのメタファーで述べられるこの二つの概念は、グローバルネットワークを成り立たせる分業形態を意味している。ネットワークが成り立つためには、ネットワークを構成する各地点が、ヒト・カネ・モノ・イメージが円滑に流動するよう働かなくてはならない。「ハブ」とは、「ネットワークに統合されるすべての要素の円滑な相互作用のための調整の役割を担う」、「交換機」であるとされる（Castells [1996] 2000: 442）。「ノード」とは、「ネットワーク内の、ローカルに根ざした活動や組織の連なりを形成する戦略的に重要な機能を有した場所」とされる（Castells [1996] 2000: 442）。実際には、グローバル経済の拠点となる諸都市などフローを流通させている地点が、その働きに応じて特定の業種を集積させるような、都市形態をめぐる現実の事態を想定すれば良い。これらの諸都市によって、ネットワークは維持される。第三の層は、支配的、管理的立場にあるエリートによって作られた物質的基盤であるという（Castells [1996] 2000: 445）。我々の社会の主要な位置を占める技術・財政・管理エリートは、彼らの利害や実践を物質的に支えるような特有の空間的要求を持つ。さらに、グローバルなネットワークは、その流れに乗ることのできる社会層と乗ることのできない社会層を振り分ける。その中で、グローバルネットワークを支える物質的基盤は、ネットワーク内で活動するエリートの論理で組織化され、逆にその組織化された物質的基盤がネットワークを成り立たせることになる。その一つの例がゲーテッドコミュニティなどの、エリートによる空間の囲い込み現象である（Castells [1996] 2000: 447）。フローに乗るエリート達は、一方で、「彼らが自身の社会的結束を保ち、仲間を認識し部外者を支配できるような規則や文化的コードを押し進め、文化的、政治的コミュニティをめぐる『内』と『外』という境界を打ち立てる」（Castells [1996] 2000: 446）。象徴的に隔離されたコミュニティ、不動産価格のつり上げなどによって、自身の領域を取り囲む。都市空間におけるこうした囲い込みも、フローの空間を構成する物質的基盤の一つとなっている。

〈フローを媒介する電子情報のインフラ〉、〈フローのやり取りをになう構成地点〉、〈エリートの嗜好が反映された物質形態〉の三つの物質的基盤が「フローの空間」を構成する。ただ、注意しなければならないのは、カステルは「フローの空間」という社会の物質的基盤を分析しているが、彼がより問題としているのは物質形態の特徴ではなく、「フローの空間」が準拠するところのネットワーク的社会形態の特性ゆえに生じる物質的基盤の編成論理にあることである。それは、電子情報コミュニケーションが主になり、空間が準拠する社会が、国民国家からグローバルネットワークに移行することによって、社会空間におけるコミュニケーションの位相と物質的基盤の位相にねじれが生じて導かれる帰結である。

「フローの空間」では、企業の意思決定部門が集中するグローバルシティの高層ビル、海底に沈められた銅線や光ファイバーというように、それを支える基盤は物質的でも、多くの社会的実践が脱物質的な位相で展開される。コミュニケーションの情報化によって、空間が準拠する社会は領域的な境界、物質的な近接性に制限されず、グローバルネットワークの流動的な範域へ拡大される。一方で、ネットワークのコミュニケーションの論理によって、「ネット」を構成する物質的基盤が編成される。結果、ネットワーク内のローカルにおける物質的基盤が、その地域の情勢とは乖離した形で編成されるという帰結がもたらされる。(5) 「フローの空間」のグローバルネットワークの論理は、社会の物質的基盤の編成をめぐる乖離した現状を生み出すのである。

「フローの空間」と「場所の空間」の二つの空間概念はこの文脈で展開される。両概念は、ネットワーク社会における二種類の物質的基盤のありようと、それぞれの空間が準拠する社会の範域の差異によってもたらされる二種類の編成論理を意味している。カステルは「場所の空間」[6]について、以下のように説明する。

場所とは、物理的な近接性の境界の中で、形態、機能、意味が自己充足している場面（locale）である。（Castells [1996] 2000: 453）

カステルの記述では、「場所の空間」がいかなる物質的基盤であるのか、その形態的な分析はなされていない。ただ、その編成の論理の特質が記述されているのみである。「場所の空間」が準拠するのは、カステルが「物理的な近接性の境界」と述べるところのローカルである。「場所の空間」における物質的基盤の編成論理は、ローカルに準拠し、ローカルの問題状況にしたがって構成される。

「フローの空間」内のそれぞれの地点は、グローバルネットワークのフローにかなった形での分化・分業にさらされる。それは、特定の社会領域のみに準拠した、その地点内での自己完結的なあり方とは根本的に対立する状況である。こうした中で、ローカルは、自己充足的な地点というよりも、グローバルシステムの歯車の一要素として編成し直される。ゆえに、ローカルはその地点での固有な問題状況があるにもかかわらず、その編成はグローバルネットワークシステムになわれ、矛盾や乖離が生じる。こうした乖離についてカステルは、以下のように述べている。

このように、人々は場所に住んでいる。しかし、我々の社会の機能や権力はフローの空間によって組織されているために、その論理の構造的な支配は、場所の意味や力学を根本から変えてしまう。場所との関わりから生まれる経験は、権力によって奪い取られる。意味はますます知識から分離される。こうして、社会のコミュニケーション・チャンネルを破壊するおそれのある二つの空間の論理のあいだの、構造的な分裂にいたるのである。二つの空間を、文化的にも、政治的にも、物理的にも架橋することがなければ、二つの世界の中を生きることになるだろう。（Castells [1996] 2000: 459）

それは、ある地点に生きるものの空間が、常にそこ以外の他なるものによって構成されるという事態である。情報化社会の構造的論理は、空間の生産をめぐる社会的行為者の主体的なあり方に対抗する現実をもたらす。その中で、ローカルの物質的環境をめぐる問題が打ち捨てられ、空間の面でも深刻なデバイドが生じるとされるのである。

### (三) 乖離の現象形態

カステルは、「フローの空間」と「場所の空間」の矛盾の現象形態をいくつか記述している(Castells [1996] 2000: 407-59)。ここでは、その中でも乖離の現状を特徴的に示している二つの都市形態を記述し、現実世界の現れを追うこととする。

**①エッジシティ**　エッジシティ[7]とは、ジョエル・ガローによって一九九一年の同名の著作の中で指摘された都市形態である(Garreau 1991)。主に住宅、ショッピング・モールが立地していた郊外地域に出現した、新たなビジネスの中心地を指す概念である。ガローは、郊外にビジネスの拠点が移動したことの革新性を強調する。

第二次大戦後のアメリカ都市は、三つの段階を経ながら変化してきた。第一の展開は、大戦直後に出現した郊外化現象である。大戦後の連邦政府の住宅金融保証政策の下、大都市郊外部に多くの住宅団地が出現する。この時期は、商業施設やオフィスのほとんどが旧来の都市市街地に集積していた。第二の展開は、一九六〇年代から七〇年代にかけての大型ショッピング・モールの郊外立地の時期である。この時期になると、食料品、衣類などの生活雑貨店をはじめとして、商業施設が都市市街地から郊外に移転する。そし第三の転換点が、八〇年代以降に進行したオフィス環境の郊外移転という段階である。ベッドタウンなどの居住区域にすぎなかった郊外に、情報通信網の発達によって企業のオフィスまでが侵出する。エッジシティは、ボストン、ニュージャージー、デトロイト、フェニックス、南カリフォルニア、サンフランシスコ海岸部、ワシントンDCの周辺に急増しており、既にアメリカのオフィス施設の三分の二が位置し、アメリカ経済の重要な位置を占めているという（Garreau 1991: 5）。

エッジシティの発展は、遠くはなれた場所にある、他の都市システム内の多様な諸機関と機能的な相互依存性を保つことによって促される。領域的な連続性を最小化し、コミュニケーションネットワークを電子情報技術の媒介で最大化するのである。それゆえに、エッジシティの中心には「交換のフロー」があることが指摘され（Castells [1996] 2000: 431）、これを「フローの空間」の現象形態としてカステルは分析する。

しかし、エッジシティという「フローの空間」の現れは、新たな形の都市問題を引き起こす。それは、住環境だけではなくオフィスまでが移転することによって生じる、インナーシティの衰退、建築物の老朽化の問題である（Castells [1996] 2000: 431）。インナーシティは住む場所としてだけでなく働く場所としても打ち捨てられ、その場所から身動きのとれない低所得者層、エスニックマイノリティが取り残される。エッジシティの発展の中で、アメリカ諸都市の危機は深まり、債務を抱え過剰なストレスにさらされた社会の管理はより困難なものになるとされる。

**②メガシティ**　二つ目の事例は、「フローの空間」を構成するノード、ハブの現象形態としてあらわれているメガシティである（Castells [1996] 2000: 434-40, 443-5）。

メガシティとは、一九九二年段階で、圏内に一〇〇〇万人を超える膨大な人口を有する都市である（Castells [1996] 2000: 434）。東京、サンパウロ、ニューヨーク、メキシコシティ、上海、ボンベイ、ロサンゼルス、ブエノスアイレス、ソウル、北京、リオデジャネイロ、カルカッタ、大阪、モスクワ、ジャカルタ、カイロ、ニューデリー、ロンドン、パリ、ラゴス、ダッカ、カラチ、天津などがメガシティとして列挙されている（Castells [1996] 2000: 434）。その特徴は、人口規模以上に、指令・生産・管理の上層機能が集約されたグローバル経済の結節点を担う地点として、グローバルネットワークの中で果たしている主導的な位置にある（Castells [1996] 2000: 434）。したがってカステルは、グローバルネットワークのノード的機能ゆえに、後背地に対して磁石のように機能し、世界の主要地域に向けた引力的力の中でネットワークを作りながら構成されるメガシティを重要視する（Castells [1996] 2000: 434）。例えば香港の場合、一つの都市だけを見るならば、人口六〇〇万の都市にすぎないが、グローバルネットワークの中では、深川、珠海、マカオ、珠海デルタの小さな諸都市のつらなりからなる、人口四、五〇〇〇万の集約点であり、メガシティ的な現れ方をしていると記述される（Castells [1996] 2000: 434）。

メガシティに対してカステルは、「物理的にも社会的にも、グローバルには接続しローカルとは断絶するその特徴が、メガシティを新しい都市形態にしている」（Castells [1996] 2000: 436）と述べる。グローバルなネットワークや、自国内の有用な地点とは接合する一方で、機能的に不必要で、社会的に崩壊した地域の人々に対する内的な接続を行わないのである。カステルは、こうしたメガシティの特徴が、ニューヨーク、メキシコ、ジャカルタに現れていると指摘する（Castells [1996] 2000: 436）。ニューヨークでは、グローバルネットワークに接合される中で、性別、人種間の旧来の単純な二項対立によらない、新たな関係性の中で構築される貧富のデバイドが出現している（Mallenkopf & Castells 1991）。またジャカルタでは、行商人をはじめとしたインフォーマル・セクターが、一九八〇年代の原油高騰、一九九七年の経済危機など、国外の情勢に翻弄されながら、旧来のフォーマル／インフォーマルという区別では把握できないほど変質し多様化する一方で、同時にグローバルネットワークのフローにのるジャカルタの新中間層との格差が生じている（吉原二〇〇五：一五―三六、二〇〇六：七―一七、ドゥイアント二〇〇五：一六七―一九七）。ノードとハブというフローの空間の中で、ここでも新たな形態のデバイドが出現している。

## 四　乖離する空間の行く先――場所の意味をめぐるジレンマ

情報化社会の空間をめぐる二つの構成論理の対立は、格差、乖離の事態を生み出すだけではない。それは、「ネット」と「セルフ」の論点と同様、アイデンティティの問題へと収束していく。「フローの空間」と「場所の空間」という対抗的な二つの原理が交差する地点に生み出される場所の意味をめぐる問題である。この論点に対して、カステルはレム・コールハースのジェネリックシティ論を援用しながら議論を展開する（Castells [1996] 2000: 448-53; Koolhaas 1995）。

ジェネリックシティとは、その名の通り「無印都市」であり、「世界中に増える無個性な国際都市」、「どこにでもある都市、しかも歴史がなくてつねに更新されるような都市」を意味している（五十嵐二〇〇六：八〇）。グローバルネットワークを接合する「フローの空間」における主要な嗜好が、特定の歴史・文化とは無関係に、グローバルネットワーク内の主要な利害関心を反映した建築物を社会の中にもたらし、結果、世界中の都市が同質的な傾向を帯びるのである（Castells [1996] 2000: 449）。

カステルは、ジェネリックシティを特徴づける建築様式が、ポストモダニズムであると主張する（Castells [1996] 2000: 449）。ポストモダニズムでは、ル・コルビュジエ、ミース・ファンデル・ローエなどのモダニズム建築家が批判される中で、特定の社会環境とのつながりを切り落とし、建築意匠における既存のコードを見直すことを通して、新たな創造性を見つけ出そうと試みられる。カステルは、その中でも、フィリップ・ジョンソン、(8) チャールズ・ムーアらの名前を挙げる（Castells [1996] 2000: 449）。ポストモダニズムは、場所的な意味から人びとが切断されている時代状況を反映している、とカステルは述べる（Castells [1996] 2000: 449）。ネットワークの論理の中で、人々はもはや、いかなる場所、いかなる文化にも属さないあり方が可能になる中で、建設されたどこの場所においてもデザインのコードを打ち壊すロジックの使用が可能となる。「フローの空間」が席巻する中で、ローカルの論理において積み重ねられてきた文化が駆逐され、多様な表現様式をコラージュ的に組み合わせてデザインされる建築物が出現するのである。その光景をカステルは、「裸の建築 the architecture of nudity」と呼ぶ（Castells [1996] 2000: 450）。その形態はあまりに中立的で、純粋で、透明なために何も主張するところはない。ローカル文化の蓄積が漂白されるという意味で、それは歴史の終わりであるとされる（Castells [1996] 2000: 449）。カステルは、場所の意味を脱色していく「フローの空間」の論理、そのことによって生み出されるポストモダニズム的な建築、同質的なジェネリックシティを非常にネガティブな形で捉えていく。しかし、カステルのジェネリックシティに対するまなざしは、コールハース自身のジェネリックシティの捉え方とは、大きく異なるものとなっている。

ジェネリックシティとは中央による拘束から、そしてアイデンティティの束縛から開放された都市のことである。ジェネリックシティは、こうした依存的な悪循環をほうむりさる。ジェネリックシティは、現在の必要、現在の能力の反映に過ぎない。それは歴史なき都市である。（Koolhaas 1995: 1248）

コールハースは、情報化社会の中で現れる都市空間をめぐるアイデンティティの希薄化を指摘しつつ「束縛からの開放」と述べるように、アイデンティティの喪失過程自体をポジティブに捉えている。アイデンティティの負の側面を指摘し、フローのもたらす同質化作用をむしろ肯定しているのである。アイデンティティが強力なものであればあるほど、アイデンティティはより拘束力を増し、拡大、解釈、刷新、矛盾に抵抗するものとなる（Koolhaas 1995: 1248）。アイデンティティは、時に硬化した信念体系となり、ゆらぎのなかの不安を代償として払わなければ、そのあり方を変えることができなくなる。ここにおいてコールハースは、アイデンティティのもつ硬直性に注目している。

また、アイデンティティは、本質的なものを特権化する傾向があり、中心への志向性を高める中で、中央と周縁の関係性を作り出す（Koolhaas 1995: 1249）。アイデンティティによって接合される空間は、中心への依存を高める負の循環をもたらす。コールハースにとってジェネリックシティは、場所の意味の喪失過程のなかで、アイデンティティの持つ負の側面を解消させていくものとして肯定的に了解されている。グローバルネットワークにおいて、都市は特定の中心に依拠するのではなく、ネットワークの働きの中でなかば自動的に構成されていく（Koolhaas 1995: 1250）。フローのもたらす流動性によって、アイデンティティの硬直性から開放され、都市の新陳代謝を活性化させる開かれた空間が現れる。そこでは中心も周縁もなく、諸地点の「現在の必要、現在の能力」の中で、自由に都市が構成される。

他方、カステルは、コールハースがポジティブに捉える場所の意味の喪失過程を非常に問題視し、アイデンティティや「場所の空間」に大きな意味を見いだす（Castells [1996] 2000: 453-459）。カステルは、「場所の空間」の中に、ローカルアイデンティティを共有することで生まれる活気と、様々な他者が共存し合う可能性を見る。第二節での議論同様、ここでもカステルはアイデンティティの共有から生まれる力に期待を抱き、社会変動の可能性を主張している。コールハースの主張に対するカステル流の読み替えは、「アイデンティティの力」の可能性に賭けるカステルの態度の現れであるのだ。

こうした情報化社会の都市空間をめぐる、カステルとコールハースのまなざしの交錯は、「開かれた都市空間」の可能性を考える中で、さけることのできない論点を提示している。二〇〇一年の9・11以降、ゼノフォビア、イスラムフォビアなどを中心に、民族的アイデンティティの結束がもたらす負の側面がたびたび取りざたされている。こうした趨勢の中で、宗教的原理主義の問題性を述べながらも、アイデンティティによる連帯の可能性、場所に準拠した空間構築の可能性を強調するカステルの態度は、若干楽観的な基調を帯びているようにうつる。その一方で、アイデンティティによる連帯、場所のもつ硬直性、排外性を踏まえた上で、フローの空間のもつ創造力、自己浄化能力の可能性を主張するコールハースの立場は、一定の説得力を有する。ただ、ネオリベラリズム的グローバルネットワークの無規制な流動性が、均等な発展というよりも、接合しようのない致命的な断絶をもたらすことは、カステルの立論が示しているところである。

新たなミレニアムの都市空間は、「フローの空間」の流動性に対して「開くこと」と、場所を拠り所としたアイデンティティの中に「閉じること」のジレンマに立たされている。「開くこと」と「閉じること」をいかなる形態で両立させていくかが、社会的に有意味な「開かれた都市空間」のありようを考える中での主要な課題となるだろう。

**註**

(1) カステルは『都市問題』から用語の変更はあるものの、一貫して社会を三つの領域に区別して整理している。『都市問題』では、構造主義的マルクス主義のルイ・アルチュセール、ニコス・プーランザスに依拠しながら、「生産」、「イデオロギー」、「権力」という言葉で整理されている。その後、構造主義的マルクス主義を棄却する過程で「イデオロギー」が「経験」という概念に変化していく。

(2) ルフェーヴルは、空間とその支持基盤の関係について、以下のように述べている。「社会空間の最初の基盤あるいは最初の土台は、自然であり、自然的・物理的な空間である。この基盤にもとづいて、この基盤を変容させ、ついにはその基盤を押しのけ、さらにはその基盤を破壊する脅威をもたらすようにして、諸種のネットワークの重なり合い絡み合った層が築き上げられる。このネットワークはつねに物質化されているが、にもかかわらずその物質性を越えた存在である」(ルフェーヴル 二〇〇〇:五七五)。

ここでルフェーヴルは、(社会)空間が、物質的基盤をもとに、物質的、非物質的な要素の重層によって構成されていることを示唆している。すなわちルフェーヴルにおいて、空間は物質を基礎としているが、空間それ自体は、物質、非物質の両者を包含した概念であると理解されている。カステル理論においても、『空間の生産』には直接言及はしないものの、ルフェーヴル理論の多くを踏襲している点を鑑みると、物質的基盤との連関で定義される空間の定義が、同様の含意を有していることは充分考えられるだろう。

しかしながら、カステルの空間概念は、議論の展開の中で曖昧に使用されていることに注意しなければならない。すなわち物質的基盤という概念を提示し、空間を物質／非物質、両側面を射程に入れた概念を定義する一方で、本文中では、建造環境に引き寄せた含意で（物質性に偏向したニュアンスで）使用している文脈が少なくないのである。本章では以下、カステルの空間概念を検討していくわけだが、その際の論述の指針としては、定義それ自体から論理的に導かれる理解だけではなく、カステルの本文での空間概念の使用法に焦点をあて、理解を論述していく。したがって、空間を物質的なものとして使用するカステルの側面が強調されていることに注意されたい。

（3）ネットワーク社会における時間の形態として、カステルは「時間なき時間 timeless time」という概念を提示している（Castells [1996] 2000: 460-499）。

（4）ギデンズは、「脱埋め込み」について以下のように述べている。「脱埋め込みという概念で、私は、社会関係を相互行為のローカルな文脈から『引き離し』、時空間の無限の拡がりのなかに再構築することを意味している」（ギデンズ 一九九三：三七）。

（5）近年のメジャーリーグの中継などは、このねじれを象徴的に表している。メジャーリーグのテレビ中継で、画面に日本企業の日本語の看板を目にする機会が多い。それは、テレビを介した情報フローの空間の中で、日本語使用者に準拠した形で展開される、ローカルの物質的基盤の編成である。アメリカの球場の人びとの前には、見知らぬ企業の日本語の看板が立ち現れる。こうした事例は「フローの空間」のねじれを示すささやかな例に過ぎないが、同型のロジックでグローバルに問題が生じる。

（6）カステルは、「場所」と「場所の空間」をほぼ同義で使用している。

（7）ガローによるならば、エッジシティとは、「（a）賃貸オフィス空間が、五〇〇万平方フィートか、それ以上ある情報時代の仕事場である。（b）賃貸の小売り空間が六〇万平方フィートか、それ以上ある。（c）ベッドルームよりも仕事場の方が多い。（d）人々によって、一つの場所として認識される。（f）三〇年前までは、『都市』に及びもしなかった場所」である（Castells [1996] 2000: 430, Garreau 1991: 6-7）。

（8）フィリップ・ジョンソンは、一九五〇年代「ガラスの家」、「シーグラムビル」などのモダニズム建築を設計したが、七〇年代以降「ＩＤＳビル」などのポストモダニズム建築に移行した。

## 参考文献


Castells, M. (1989) *The Informational City: Information Technology, Economic Restructuring and the Urban-Regional Process*, Oxford: Blackwell.

——— ([1996] 2000) *The Rise of the Network Society*, 2nd ed., Oxford: Blackwell.

——— ([1997] 2004) *The Power of Identity*, 2nd ed., Oxford: Blackwell.

——— ([1998] 2000) *End of Millennium*, 2nd ed., Oxford: Blackwell.

——— (2006) ‘Changer la ville: A Rejoinder’, *International Journal of Urban and Regional Research*, vol. 30(1), pp. 219-23.

Garreau, J. (1991) *Edge City: Life on the New Frontier*, New York: Anchor Book.

Koolhaas, R. (1995) *S, M, L, XL*, New York: The Monacelli Press.

Mollenkopf, J.H. and M. Castells (1992) *Dual City: Restructuring New York*, New York: Russell Sage Foundation.

五十嵐太郎（二〇〇六）『現代建築に関する16章――空間、時間、そして世界』講談社現代新書。

カステル、M（一九八四）『都市問題――科学的理論と分析』山田操訳、恒星社厚生閣（M. Castells, *The Urban Question*, Cambridge: The MIT Press, 1977）。

――（一九九七）『都市とグラスルーツ――都市社会運動の比較文化理論』石川淳志・吉原直樹・橋本和孝訳、法政大学出版局（M. Castells, *The City and Grassroots: Across-Cultural Theory of Urban Social Movements*, Berkeley & Los Angeles: University of California Press, 1983）。

ギデンズ、A（一九九三）『近代とはいかなる時代か――モダニティの帰結』松尾精文・小幡正敏訳、而立書房（A. Giddens, *The Consequences of Modernity*, Cambridge: Polity Press, 1990）。

――（二〇〇五）『モダニティと自己アイデンティティ――後期近代における自己と社会』秋吉美都・安藤太郎・筒井淳也訳、ハーベスト社（A. Giddens, *Modernity and Self-Identity: Self and Society in the Late Modern Age*, Cambridge: Polity Press, 1991）。

ドゥイアント、D・ラファエラ（二〇〇五）「カンポンとプダガン・クリリン――変貌する路地裏空間とインフォーマル・セクターの地層」『アジア・メガシティと地域コミュニティの動態――ジャカルタのRT／RWを中心にして』御茶の水書房。

マルクス、K（一九八三）『資本論（2）』社会科学研究所監修、資本論編集委員会訳、新日本出版社（K. Marx, *Das Kapital*, Berlin: Diez, 1887）。

ルフェーヴル、H（二〇〇〇）『空間の生産』斉藤日出治訳、青木書店（H. Lefebvre, *La Production de l'espace*, Paris: Anthropos, 1974）。

吉原直樹（二〇〇五）「アジア・メガシティの位相――地域コミュニティ像の再審に向けて」『アジア・メガシティと地域コミュニティの動態――ジャカルタのＲＴ／ＲＷを中心にして』御茶の水書房。

――（二〇〇六）「秩序とケイオスの都市――アジア・メガシティの光と影」『アジア遊学――ジャカルタのいまを読む』勉誠出版。

# 第三章　リスクのなかの都市空間——ニューヨークを中心として

高橋早苗

## 一　セキュリティの政治化と英仏米の状況

### （一）　はじめに

近年日本社会では、大きな社会問題の一つとして安全神話の崩壊が認識され、犯罪に対する社会的不安が上昇している。凶悪犯罪（特に青少年による）の発生や外国人犯罪の増加、警察による検挙率の低下や捜査段階での不祥事を、マスメディアは連日大々的に報道し、視聴者にもはや日本は安全ではないという印象を植え付け、不安を煽る。しかも犯罪に関係するこうした不安は、一九九〇年代後半以降の政治的・経済的状況に由来する新たな社会問題の噴出——雇用の不安定化、格差社会の顕在化、年金問題、自殺率の上昇など――とあいまって、日本社会で生きることに対する漠然とした不安とも結びついているかのように見える。このような筆者の印象はさておき、いまや安心・安全の追求は国家・地方自治体の双方のレベルで最重要の政策課題であり、生活安全条例の制定を軸として、特にコミュニティの動員が進められているのは、紛れもない事実である。

こうした状況のなかで、筆者が過去一〇年間に取り組んできたのは、犯罪や暴力の問題が日本よりずっと深刻な欧米諸国（アメリカ、イギリス、フランス）を対象としたリスクとセキュリティに関する社会学的・法律学的な共同研究である。これらの三つの国では、一九六〇年代以降、大都市を中心に暴力や犯罪がそれ以前のレベルよりも深刻性を増し、重大な社会問題として認識され、その後犯罪率が変動しようとも、都市における暴力と犯罪が深刻であるという社会的な認識は変わっていない。いまや暴力と犯罪は、「都市」問題という枠を超えて、国家レベルの重要な政治問題に格上げされている。

したがって、本章では、これまでの共同研究の成果を踏まえ、都市空間のリスクの問題を、英米仏の大都市が抱える犯罪と暴力のリスクのあり様から探ることにする。まず、イギリス、フランス、アメリカの一九六〇年代以降の犯罪と暴力の状況、それらに対する施策を概観する。第二節では、英仏米の概観から見えてきた要点を整理する。第三節以降は、一九九〇年代以降、新たな犯罪対応政策の実施によって脚光を浴びたニューヨーク市を取り上げ、その問題性を都市空間の凝離との関連で捉えていくことにしたい。

## (二) イギリス

イギリスでは、一九六〇年代より犯罪率が増加し始めて以降、高犯罪率が常態化する社会となり、人々にとって犯罪は、日常的で標準的な事柄として受けとめられている。犯罪率が上昇し始めた当初、政府の公式文書では「犯罪と非行の増加」について言及されるようになったが、犯罪統制が国家レベルの政治的問題の中心に位置づけられるのではなく、旧来からの専門領域である刑事司法の範囲の問題として扱われた。

イギリスで犯罪が重要な政治的課題に発展したのは、一九七〇年代である。保守党は「法と秩序」を選挙スローガンにし、一九七九年には選挙公約の上位に犯罪対応を位置づけたサッチャー政権が誕生する。しかし、八〇年代の犯罪率は減少するどころか、約二倍となった。保守党の経済政策は、失業率の増加や若者の希望喪失など新たな社会的状況をうみ、それが八〇年代の犯罪率（特に青少年犯罪）のさらなる上昇を招いたとされる(1)。

このような状況のなか、八〇年代に刑事司法制度の危機（「何も機能しない（nothing works）」）が強く認識されるとともに、イギリスの犯罪統制の枠組みは、「インフォーマルな統制と責任の広域化」を重視する「犯罪予防」へと転換する（Crawford 1998）。中央政府は、財政危機に由来する国家の役割見直しのなか、国家機関（従来の刑事司法）が単独・直接的に犯罪統制の役割を担うのではなく、国家機関とそれ以外の様々な機関（私的な諸団体、ビジネス、地域や市民）との「パートナーシップ」による取り組みの重要性を強調した。市民の誰もが潜在的な犯罪被害者であり、義務感を持って各個人が犯罪統制の責任の一端を担う——このような流れのなかで、八〇年代以降、新たな形態の取り組みや施策が打ち出され、実際に多くの市民が犯罪統制の活動に関与するようになる。その一例として、「近隣警戒活動（Neighbourhood Watch）」は、犯罪と犯罪恐怖を減らすことを目的に警察とコミュニティのパートナーシップを理念としてロンドンで着手されたが、その効果・評価は別としても、[2]取り組みの拡大は急速かつ広汎であり、一九八二年に一つだった企画が五年後には三五、〇〇〇に、一九九〇年代後半には一四〇、〇〇〇以上に達した。

一九八八年に着手されたプログラムである「安全な都市を目指して（Safer Cities）」もまた、「責任の広域化」の典型例であった。犯罪率の高い二〇都市を対象に、犯罪の減少、犯罪恐怖の減少、経済生活やコミュニティ生活が繁栄するような安全な都市の創造をねらいとして確立されたプログラムは、警察、自治体当局、保護観察、自発的・私的部門などの多角的機関の協同による運営が目指された。

さらに一九九〇年代に入ると、犯罪統制の焦点は、「犯罪予防」から「コミュニティ・セーフティ」へと移り、コミュニティを構成する公的・私的な諸機関・団体が果たす役割の強化が推奨された。その方向性は、少年非行の予防を目的とした一九九八年の「犯罪及び秩序違反法（Crime and Disorder Act）」に引き継がれ、地方自治体が関係する諸機関と協力して対策チームYOT（Youth Offending Teams）を設置し、少年司法サービスの有効性を確保することが求められた。

このような予防施策にもかかわらず、二〇〇〇年代に入ってロンドン警視庁は、「対人暴力」の発生件数の増加や少年によるナイフ犯罪の深刻化を問題視している。[3] 二〇一一年八月には、大規模な若者暴動が発生し、ロンドンを中心にイングランド全土を席捲した。暴動の発端は、ロンドン北部の町での警察官の発砲による二九歳男性の死亡と、その事件の公正な取り扱いを求める抗議行動であったが、数日のうちに様相は大きく変わり、暴徒の数は急速に増加し、警察車両への放火や事業所・店舗の破壊や放火、略奪行為が行われるなどした。オリンピック開催を翌年に控え、全英に与えた衝撃は大きく、政府、ロンドン警視庁をはじめとする諸機関による調査報告がなされているが、決定的な原因の究明には至っていない（今野・高橋二〇一二）。

### （三）フランス

フランスでは、一九六〇年代に窃盗や素行不良な若者集団（bandes）間の乱闘、暴行、バンダリズムのような行為の増加を経験するが、それらの現象は急速に頂点に達して以後、停滞した。しかし失業問題が深刻化する一九七〇年代半ばから、若者の暴力が問題化し、七七年―八〇年には、リヨン、マルセイユ、パリでマグレブ系の若者と治安部隊との緊張と対立が増加した。なかでも、一九八一年リヨン近郊のマンゲットの騒乱（「暑い夏」）では、若者による盗難車の「ロデオ」や、それらの車に放火するという一連の行為がTVカメラで全国に放映された。都市の無秩序な様子がニュースとなり、「郊外（banlieues）の病理」と「犯罪と移民の基本的連結」（Mucchielli 2001）が国民に強く印象づけられる結果となった。

これを受けてボンヌメゾンを議長として少年非行とバンダリズムを統制する市長会議が結成され、その成果として報告書が公表された（「ボンヌメゾン報告書」一九八三年）。その報告書の特徴として、①犯罪原因は深刻・複雑な社会的要因によるもので、中心問題は若者や移民、失業者などの社会的孤立・排除であり、彼らを社会的「連帯」の絆に「統合」するための諸戦略を国家が示すべきこと、②伝統的な刑事司法制度の中心である「取り締まり」とは区別される形で、新たな行政構造による「予防」を強調し、政策決定を刑事司法制度に委ねるべきではないこと、③そうした新たな行政構造の「ローカル」次元を強調し、ローカルなエージェンシー間（地方議員、労働組合の役員、社会サービス、ＮＰＯなど）の協同という「水平的」な関係の構築を重視したことが挙げられる（Crawford 1998, 2002）。

以上のように、ボンヌメゾン報告は、特に都市郊外の問題を抱えた地域で、都市環境の向上や失業の減少、教育・訓練の向上などを通じて住民の「統合」を促す「社会的」な犯罪予防を提唱するものであり、このモデルは以後のフランスの犯罪対応政策を基礎づけるものとなった。その帰結として、三層構造の組織化――全国犯罪予防評議会（ＣＮＰＤ）、県予防評議会（ＣＤＰＤｓ）、市町村犯罪予防評議会（ＣＣＰＤｓ）――が図られた。一九八〇年代には、ＣＣＰＤを備えた最も貧困な地域で犯罪率が減少したかのように見えたが、一九八〇年代後半から九〇年代初めに犯罪率は急上昇した（Crawford 2002）。

さらに、一九九〇年一〇月のリヨン郊外で起こった移民家族出身の若者の暴動は、メディア報道の影響もあいまって国民に「都市暴力」の深刻性を植え付けるとともに、犯罪予防の取り組みの限界をあらわにした。この事件を受けて、ロカール首相、ミッテラン大統領ともに、連帯の創出や、凝離との戦いについて言及し、インナーシティの最貧地区を経済的・社会的に支援する諸政策を打ち出す。以後、九〇年代には様々な都市政策（特に雇用創出を重視）が打ち出されたが、都市暴力の問題は依然として解決されないままであり、「非安全（insécurité）」の問題は失業とならんで国民の最大の関心事となった。一九九七年頃から、国民の非安全の感情を背景に、政府は治安対策を強化し始める。社会的予防の政策から、警察活動の強化を中心とする取り締まり重視の政策への転換である。

そのようななかで、二〇〇五年には、パリ郊外のクリシー＝ス＝ボワの二人のアフリカ系少年の死を発端とした騒乱はフランス全土に飛び火し、約三週間にわたってマグレブ系の若者たちの「暴動」――「四人の死者と多数の負傷者、およそ一万台の自家用車への放火、その他膨大な物的損害をもたらし、外国メディアからは〈内戦〉とまで[4]」表現される――が続いた。日常的な警察活動の中での移民家族出身の郊外の若者たちに対する往々の差別や苛酷な処遇が背景にあると指摘されている。

### （四）アメリカ

アメリカでは、一九六〇年代に犯罪（特に暴力犯罪）率の急上昇がみられた。これを受けてジョンソン大統領は、犯罪コミッションを設置、一九六七年にはコミッション報告書『自由社会における犯罪の挑戦』を公表し、ここに犯罪は国家の政治的問題の中心に位置づけられた。この報告書は、犯罪の根底にある社会的原因に包括的にアプローチするリベラルな施策を志向したが、一九七〇年代にアメリカの犯罪対応政策は全面的に見直され、厳罰化を中心とした保守主義的な志向に転換し、現在に至る。特に、警察の役割については、秩序維持と犯罪予防を重視し、コミュニティとの協調において犯罪を統制するという考え方が主流となって以来、様々な都市で種々の「秩序維持ポリシング（order-maintenance policing）」や「コミュニティ・ポリシング」の試みが行われてきた。

他方、アメリカではイギリス同様、様々な形態の私的なセキュリティが顕著に成長してきた。なかでも、一九八〇年代初頭に全米で一握りしか存在しなかった「ゲイテッド・コミュニティ」は、その後飛躍的に拡大し、一九九七年までには八四〇万人が居住する二万以上のコミュニティに達したとされている（Blakely and Snyder 1997）。富裕層を中心とする特権的な人々はより堅固で完全なセキュリティを求め、究極的な排外的形態としてのそれを選択し、社会的関係性の世界から手を引こうとする。

後述するように、一九九〇年代には、ニューヨークが新たな犯罪対応施策を打ち出し、その同時期に街頭犯罪が減少した。ニューヨークの事例、およびアメリカの都市の犯罪状況については、

第三節・第四節で考察することにし、次の節では、英仏米の概観からみえてくるものを整理する。

## 二　英米仏からみえるもの

### (一) 犯罪「予防」への転換

英仏米に共通しているのは、刑事司法は、従来行われてきた犯罪者への事後対応を中心とする伝統的なポリシングから、犯罪リスクを軽減するような「予防」を中心とするポリシングへと転換を余儀なくされたことである。犯罪リスクを管理し、犯罪を予防するという刑事司法パラダイムへの移行の背景には、犯罪リスクが社会のごく一部の人間に関係するものではなく、社会の大多数の人々にふりかかるものに変化したこと、あるいは、そのような受け止め方が一般化したことに深くかかわっている。実際、イギリスとアメリカでは、一九六〇年代より犯罪率が急激に上昇し、しだいに犯罪は大多数の市民の重要課題として政治化するようになる。

ところが、このような犯罪に関する社会的なリスク認識が、必ずしも正確ではない（実態に即したものではない）ことは、犯罪恐怖（fear of crime）に関する犯罪学的・社会学的研究の蓄積によって明らかにされている。一定の地理的空間のなかで個人が殺人や暴行等の街頭犯罪の被害者となるリスク（犯罪統計によってある程度推測可能である）と、諸個人によるリスク認知・評価（犯罪恐怖の構築に直接的につながるもの）の間には、重大なギャップが存在する。本章で言及するアメリカ、イギリス、フランスでは、いったん社会のなかで犯罪恐怖が高まった状態に至って以降は、犯罪率が多少下降しようとも人々のセキュリティの追求はおさまらず、むしろ犯罪率とは関係なく上昇する傾向にある。諸個人のリスク認知・評価は実際のリスクを忠実に反映するものではない。したがって、セキュリティとは、「その追求が客観的リスクの最小化を超えて拡大し、その主観的な認識がリスクと直接的に相関しない社会財」（Zedner 2000）であるといえよう。このことから、少なくとも犯罪対応政策としては、セキュリティの追求は、単純に犯罪被害の客観的リスクを減じるだけでは十分ではなく、（むしろ客観的リスクとは直接関係せずとも）市民の間の犯罪恐怖の軽減を目的とせざるを得なくなっている。

## （二）プライヴァタイゼーションの深化

人々の要求は、伝統的にセキュリティの供給主体であった国家にまず向けられ、警察人員の増強や公共空間の監視化などを始めとする公的領域でのセキュリティ機能の強化がもたらされている。それと同時に、セキュリティの追求はもはや刑事司法の枠をはるかに超えざるを得ない。それは相互に関連する二つの新たな傾向の同時進行となってあらわれている。一方で、欧米の国家財政・地方財政の逼迫による、プライヴァタイゼーションの一般的傾向があり、他方で、セキュリティの希求が日常生活を構成するすべての面におよび、それをめぐって個人生活の構造化が進行する。

諸個人の生活は犯罪恐怖を中心に構造化されつつあり、私的な努力によってセキュリティを確保しようとする人々が増加している。セキュリティを求める行動は、自分の生活時間、行動範囲やライフスタイルの見直しから、自衛・セキュリティグッズの購入、居住地の選好（例えばゲイテット・コミュニティ）に至るまで個人によってさまざまである。セキュリティの商品化は日々拡大し続けており、いまや公的部門よりも私的部門における関連予算の伸びが大きいことは、英米ともに指摘されている。このことは、必然的に個人間のセキュリティ格差が拡大するということ、言い換えれば、犯罪リスクの再構成と新たな偏在化の可能性を示唆している。

## （三）コミュニティとセキュリティ、個人からコミュニティへ

個人の犯罪リスクは、あらゆる社会階級・立場の人々に等しく散らばっているように認識され

がちだが、犯罪統計は加害・被害ともに、性や年齢、人種などの属性によってリスクに大きな差があることを示している。基本的には不動産市場を通じて、諸個人の資産に応じて、エスニシティ等の文化的価値を反映しながら、人々の居住場所・形態が決定される都市の凝離した空間においては、個人の犯罪リスクはコミュニティの犯罪リスクに規定される側面が大きく、実際にコミュニティ間の差が非常に大きい。

セキュリティの希求が社会的に増大するにつれて、コミュニティは、セキュリティ確保のための集合的自助の一形態として、重要視されるようになっている。近年の犯罪対応政策のキーワードは「コミュニティ」、「ローカル」であり、犯罪統制の責任を居住地単位で負わせようとする機運が強まっている。国家が主導するセキュリティ政策の中心は、「犯罪予防」から「コミュニティ・セーフティ」へと移行している。コミュニティが主な対象となるにつれ、貧困や特定のエスニシティが集中する地域はとりわけ、犯罪の加害・被害の双方が集中する空間として、ますます監視とコントロールの対象となる。他方、富裕なコミュニティはゲイテット・コミュニティ化して、リスクを最小限にとどめる私的な努力を惜しまない。このような私的な努力の集積は、「クラブ財(5)」すなわち近隣住人の相互恩恵として作用することが想定され、結果として居住選択によるリスクの格差が拡大する傾向にあることや、資源のないコミュニティにますます犯罪リスクという負の効果を移転・集積させる可能性も指摘される。とりわけ、凝離が進行した大都市空間では、この傾向が顕著であろう。

### （四）暴動やテロ――リスク管理の困難な課題

さらに、英仏米の大都市空間のリスクに関わって大きな問題となっているのは、テロ攻撃という新たなリスクへの対応である。次節で詳述するように、二〇〇一年に起こった「9・11同時多発テロ」を経験したニューヨーク市は、事件発生後からテロの未然防止があらゆる課題に優先して取り組まれるべき課題となった。遠く離れたパリ、ロンドンもまた、ニューヨーク同様にグローバル経済の恩恵を受ける西側諸国の象徴的都市であり、多くのイスラム系移民の社会的統合が社会問題化している点においても共通しており、テロ攻撃への危機意識を強め、対策強化の水準が上昇している。

また、英仏ともに近年経験した若者による都市暴動もまた、事前の予防や制御の難しいリスクである。前述した二〇〇五年のパリ暴動、二〇一一年のロンドン暴動ともに、暴動の発端となる出来事は存在するものの、その後の関与人数・地理的拡大・無秩序ぶりは、それとは無関係のように進行していく。パリの暴動では、移民の子どもの貧困や失業、学業不振などの問題が取り沙汰され、ロンドン暴動でも参加者家庭の貧困、学校からのドロップアウト等の関連が指摘される一方で、そのような問題の解決は刑事司法の枠組みをはるかに超えるもので、あらゆる全般的な社会問題に行き着いてしまう。結局のところ、このような都市の大規模な暴動は、とらえどころのない、理解不能なリスクとして、市民に恐怖感を与えるものとなっている。

## 三　統制の場としての都市空間——ニューヨークを事例として

### （一）ニューヨークの戦後の犯罪動向

戦後アメリカでは、一九六〇年代に犯罪率、特に殺人や武装強盗のような深刻な暴力の犯罪率の上昇が始まり、七〇年代後半になっても減少傾向は見られなかった。その後、八〇年代は犯罪率が高止まりした。連邦司法統計局（BJS）の統計によれば、特に人口規模の大きい大都市では、犯罪件数が多い上に一定人口あたりの犯罪率も高く、なかでも犯罪の被害・加害ともに大都市の荒廃するインナーシティにひどく集中する傾向にあった。都市の人口規模による殺人率の差は、七〇年代後半から九〇年代初頭にかけて、ニューヨークやロサンゼルスのような人口一〇〇万人

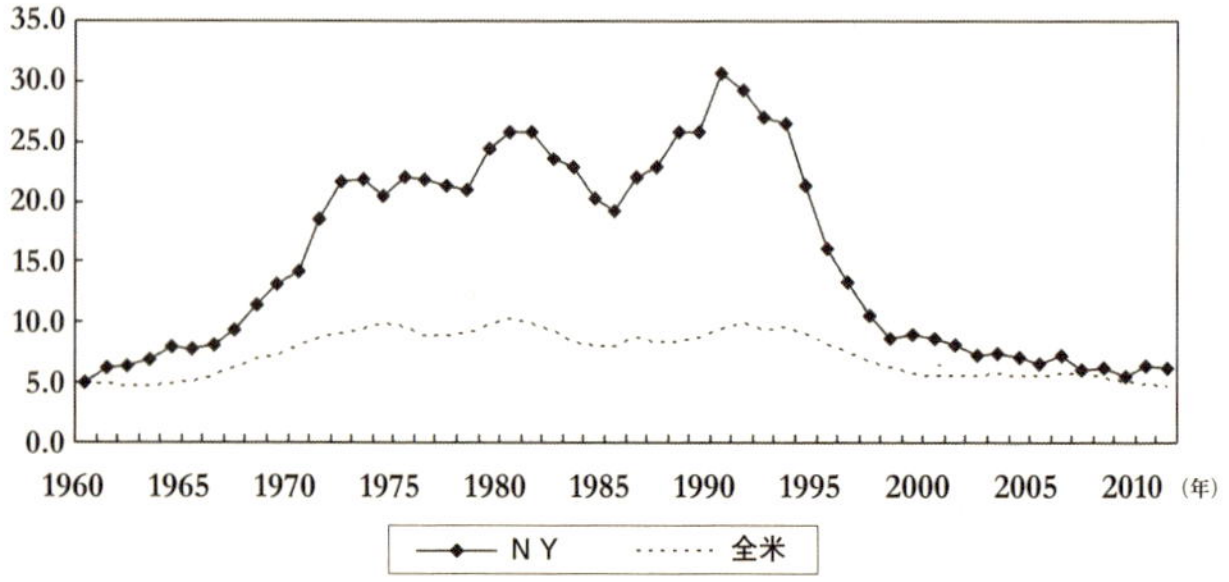


図表1　全米とニューヨークの殺人率＊の動向
出典：FBI, *Uniform Crime Reports*, 1960-2012 をもとに作成。
＊「殺人率」は、対人口 10,000 人の値。

以上の大都市と、一〇〇万人未満の都市の間で顕著であったが、九〇年代中ごろから、ニューヨークを始めとする大都市の犯罪率が急激に減少を開始すると、アメリカ全体の犯罪率が下降するとともに、都市規模による差も大幅に縮小し、いまでは人口一〇〇万人以上の都市と、七五—一〇〇万人未満都市、五〇—七五万人未満都市ではほぼ同程度である（図表1）。

　全米で最も危険で暴力的な都市と評されてきたニューヨークは、一九九〇年代に劇的に犯罪率が下降し、連邦捜査局の統一犯罪白書（UCR）の指標犯罪である七つの街頭犯罪のすべてにおいて、大幅な減少を見せた。しかも、図表2に見られるように、「殺人」に関しては一九九〇年がそれ以前の四〇年間（一九六〇—一九九九年期）における殺人率の最高値を記録しているが、それ以降の十年間でその値は大幅に減少した。その他の指標犯罪についても九〇年代初頭

図表2　ニューヨークの街頭犯罪率＊の変化（1960-1999年）

| 違　反 | ワースト年 | 犯罪率 | ベスト年 | 犯罪率 | 1990年犯罪率 | 1999年犯罪率 |
|---|---|---|---|---|---|---|
| 殺　人 | 1990年 | 0.31 | 1960年 | 0.05 | 0.31 | 0.09 |
| 強　姦 | 1981年 | 0.55 | 1961年 | 0.10 | 0.43 | 0.23 |
| 強　盗 | 1981年 | 15.20 | 1960年 | 0.85 | 13.69 | 4.86 |
| 加重暴行 | 1988年 | 9.67 | 1960年 | 1.42 | 9.41 | 5.46 |
| 住居侵入窃盗 | 1980年 | 29.95 | 1960年 | 4.63 | 16.38 | 5.45 |
| 窃　盗 | 1988年 | 41.99 | 1960年 | 11.33 | 36.38 | 18.90 |
| 自動車盗 | 1990年 | 20.09 | 1960年 | 2.71 | 20.09 | 5.34 |

出典：FBI, *Uniform Crime Reports*, 1960-2000をもとに作成。
＊「犯罪率」は対人口10,000人の値。

には最高値に近かった値は、急激に下降した。

このような一九九〇年代の犯罪率低下はニューヨーク特有の現象ではなかった。図表3が示すように、ニューヨーク同様、サンディエゴ、ボストン、ニューオリンズ、ロサンゼルス、サンアントニオ、ダラス、ヒューストンでも殺人件数の大幅な減少が起こった。しかし、ニューヨークの事例は、マスコミの注目の大きさも手伝って、特に大きな関心を呼んだ。

## （二）ジュリアーニ市長下の「割れ窓」政策

ニューヨークの犯罪が着実に減少傾向を示し始めた一九九〇年代半ば以降、ジュリアーニ市長下のニューヨーク市警（NYPD）を称賛する論調がメディアに登場するようになった。ニューヨークの犯罪減少の主要な牽引役として「警察力」が注目され、一九九四年に警察本部長に就任し

図表３　1990 年代の全米 13 大都市の殺人数＊の変化

| 都　市 | ワースト年 | 殺人数 | ベスト年 | 殺人数 | 減少率（期間） | 1999 年殺人率 |
|---|---|---|---|---|---|---|
| ニューヨーク | 1990 年 | 2,245 | 1998 年 | 633 | 72%（8 年間） | 9 |
| ロサンゼルス | 1992 年 | 1,094 | 1999 年 | 425 | 61%（7 年間） | 12 |
| シカゴ | 1992 年 | 939 | 1999 年 | 642 | 32%（7 年間） | 23 |
| ヒューストン | 1991 年 | 608 | 1999 年 | 241 | 60%（8 年間） | 13 |
| フィラデルフィア | 1990 年 | 503 | 1999 年 | 292 | 42%（9 年間） | 20 |
| サンディエゴ | 1991 年 | 167 | 1998 年 | 42 | 75%（7 年間） | 5 |
| フェニックス | 1994 年 | 231 | 1997 年 | 175 | 24%（3 年間） | 17 |
| サンアントニオ | 1993 年 | 220 | 1998 年 | 89 | 60%（5 年間） | 8 |
| ダラス | 1991 年 | 500 | 1999 年 | 191 | 62%（8 年間） | 18 |
| デトロイト | 1991 年 | 615 | 1999 年 | 415 | 33%（8 年間） | 43 |
| ワシントン D.C. | 1991 年 | 482 | 1999 年 | 241 | 50%（8 年間） | 46 |
| ボストン | 1990 年 | 143 | 1999 年 | 31 | 78%（9 年間） | 5 |
| ニューオリンズ | 1994 年 | 424 | 1999 年 | 158 | 63%（5 年間） | 34 |

出典：[Karmen 2000 : 25], FBI, *Uniform Crime Reports*, 1990-1999 をもとに作成。
＊「殺人率」は対人口 100,000 人の値。

たブラットンによる一連の警察改革と、新たに採用されたポリシング施策――「割れ窓」理論に立脚したとされる「生活の質」ポリシング――が全世界的な脚光を浴びた。

ブラットンが先導した最重要の改革は、COMPSTAT（Computer Comparison Statistics）と呼ばれる新しい管理方式の導入である。[6] コンピュータに集計される最新の犯罪情報（リアルタイムでの犯罪の地図化など）に基づいて定例ミーティングを開催し警察資源や戦術を効率的に管理するシステムの構築は、経営の技術的側面だけでなく、組織的側面の改革を伴った。ブラットンは、諸資源と意思決定の双方を地区レベルに委譲（脱集権化）し、分署長に各地域の犯罪問題の特定とそれに講じられる対策の選択実行と結果に対する責任（accountability）を求めた。結果として、以前なら中央警察署内での出来事に専心していた分署長の志向性を変化させ、NYPDは「官僚的謀略ではなく現実的なコミュニティ問題」（Kelling and Sousa 2001）に重心を置く組織に再生したという積極的な評価が存在する。

他方、COMPSTAT下のNYPDは、「割れ窓」理論を前提としたポリシングへの転換を図った。「割れ窓」理論は、一九八一年のケリング&ウィルソンの言説に由来するもので、おおよそ次のような内容をもつ。修理されない破れ窓は誰からもケアされていないというサインであり、いっそう深刻な財産被害を招くのとまさに同じように、「秩序を乱す行為（disorders）」に対する寛容はその近隣が効率的な社会統制を欠いているというシグナルとなり、さらに深刻な犯罪を誘発するとともに市民の犯罪恐怖を増大させる。したがって、「割れ窓」理論のポイントは、深刻な犯罪が起こってから介入するのではなく、早期に秩序を乱す行為に対処することで未然に深刻な犯罪を防止することにある。このコンセプトはすでにニューヨークの地下鉄で実践に移され、高い実績をあげていた。

「割れ窓」の比喩は、一九九四年に発表された「警察戦略」の一つである「ニューヨークの公共空間の再生」の下、低水準の秩序を乱す行為（グラフィティ、攻撃的な物乞い、無賃乗車、公共の場での酩酊、無許可販売など）に対する積極的な法律の執行に翻案された（Fagan and Davies 2000）。実際、一九九四年以来、ニューヨークの軽罪逮捕数は飛躍的に増加し、一九九三年の一三万三四四六件から一九九六年の二〇万五二七七件に達した（Harcourt 2001）。本部長ブラットンは「我々は、軽罪の『生活の質』違反の執行を増やすことで、重罪のなかでも指標犯罪の大幅な減少を達成することができた」と述べ（Manning 2001）、「割れ窓」理論の有効性を前提として、警察力こそが犯罪の減少の主要因であることを主張したのであった。

### （三）学術的評価と社会的評価のあいだ

このような警察発表を受けて、ニューヨークの犯罪率の急激な低下が、NYPDの功績であるという見方がメディアを中心に広がり、称賛の対象となった。他方、アメリカの学界を中心にして一九九〇年代後半から現在に至るまで、これを検証しようとする学術的な試みが相次いでいる。NYPDは主要因として犯罪率低下に寄与したのか否か、もしそうであるならば、具体的にNYPDのどの要素が寄与したのか、NYPD以外で犯罪率低下をもたらした要因は何か等々、現在まで活発に議論が続いている。重大犯罪の減少がNYPD方式の軽罪取締りの直接的結果であるか否かについては、論者によって意見が分かれており、学術的なレベルで実証されたものとはいい難い。さらに、ニューヨークのポリシングがそもそも「割れ窓」理論のメカニズムを正確に適用したものであるかについても、否定的な見方が大半である。要するに、学界レベルでは、NYPDの功績と「割れ窓」の理論的有効性について慎重であり、NYPD以外の要因（クラック・コカイン等の薬物市場の変化、好景気、人口構成上の変化など）との総合的結果としてとらえるのが最も妥当な見方となっている。また、すでに述べたように、九〇年代における急激な犯罪率低下は他の大都市でも同様に起こっており、そこではニューヨークのようなポリシング政策をとっている都市ばかりではなく、警察の取り組みは多様である。

しかしながら、学術的な見方はさておき、世論や政策立案者には、九〇年代以降のNYPDのポリシングは「サクセス・ストーリー」として広く評価を受けている。ニューヨークの「生活の質」ポリシングは、慎重な検証を受けないまま、「割れ窓」ポリシング＝「ゼロ・トレランス」（不寛容）という単純な解釈のもと急速に一般化し、まるでそれが普遍的で万能な犯罪対応政策であるかのように世界的に承認されつつある。こうした傾向は、ニューヨーク特有の社会的文脈を無視した概略的メカニズムのみの評価であり、ニューヨーク方式が孕む重大な問題性と社会的コストに注意を払わない。「秩序維持」の名のもとに、秩序を乱す軽微な行為が都市空間から除去されることが、ある一定の人々の社会的排除につながる可能性は否定できず、この点について、次節で論じる。

## 四　都市の凝離の深化――ニューヨークの負の側面

### （一）秩序維持ポリシングとその社会的コスト

ＮＹＰＤは、「公共空間の再生」のための生活の質ポリシングとともに、「街頭からの銃器の追放」を戦略として重視し、「停止・身体捜検」(stop-and-frisk) プログラムを強力に推し進めた。「料金のごまかし」や「小便」のような軽微な違反で逮捕されることに加え、武器や薬物所持が疑われる人々に対しては積極的に「停止・身体捜検」を実施する。こうした警察権の拡大は、犯罪予防のためには市民的自由をある程度犠牲にすることもやむを得ないという前提に成り立つものであるといえよう。重要なのは、市民側の犠牲がニューヨーク市民にランダムに、あるいは平等に強制されるものであるかということである。

ニューヨークの場合、このような攻撃的ともいえるポリシングは、人口構成上不釣り合いに人種的・民族的なマイノリティをターゲットにしたことが、統計的に明らかになっている。たとえば、一九九八年の「停止」(stops)について人口一〇〇〇人あたりの値をみると、白人が四・二人に対し、アフリカ系は三六・五人、ラティーノは二四・一人であった。さらに一逮捕あたりの「停止」数は白人四・一、ラティーノ六・四、アフリカ系七・三である。「停止」が要求される頻度が白人に比べマイノリティが断然高いうえに、逮捕に至らない「停止」もマイノリティに偏る傾向にある。この点でニューヨークのポリシングは明らかに「人種的ポリシング」とか「人種的プロファイリング」として、批判の対象となっている。(7)

また、このような人種的ポリシングは、都市空間の凝離と密接に連関したものである。警察力の積極的な介入を予想させる物理的な秩序の乱れが顕著であるのは、インナーシティの貧困地域であり、アフリカ系をはじめとするマイノリティが集中する地域である。さらにアメリカの暴力犯罪は、加害・被害ともにインナーシティのマイノリティの若年男性に偏っていることから、秩序維持ポリシングが犯罪率・暴力発生率の高いこれらの地区を重点化・焦点化するのは必然的であった。このようなポリシングは、社会的に不利な立場に置かれたマイノリティ・コミュニティへの烙印効果を伴うものとされ、市民の間にすでに存在する差別意識を拡大する可能性を孕む。

こうしたジュリアーニ市長時代のNYPDの人種的ポリシングを裏付けるものとして、警察による違法行為や職権濫用に対する市民の苦情申立ての急増がみられた。市民苦情審査委員会

（Civilian Complaint Review Board）に記録される苦情申立ては、一九九二―一九九六年の間に六〇％増加し、その多くは「停止・身体捜検」に関するマイノリティからの申し立てであった。警察の違法行為が最も多く生じた警察管区は、アフリカ系アメリカ人とラテン系住民の居住率の高い近隣地域であった（8）。

一九九七年にはＮＹＰＤの問題性と危機が最初に、かつ広く認知される出来事として、ハイチ移民アブナー・ルイマに対する暴力的な逮捕事件が起こり、メディアは「ゼロ・トレランス教義の影の側面」と評した。さらに、一九九八年、九九年に、いずれも非武装のアフリカ系男性に警官が発砲する事件が発生した。一九九九年の事件では、街頭犯罪担当チームに所属する四人の警官が、非武装のアフリカ系移民男性に四一発発砲、そのうち一九発が命中し、撃たれた男性は死亡した。結局、四人の警官の行動は、標準的手順の範囲内として擁護され、罪に問われることはなかった。これら三つの事件は、メディアで大きく取り上げられ、市民と警察の間に出現しつつある組織的・政治的分裂をあらわにする主要な契機となった（Manning 2001）。

### （二）都市空間の「秩序」は誰にとっての秩序か

秩序を乱す行為に対する積極的な法執行は、大多数の市民にとって犯罪リスクを想起させるものを消去することとして、歓迎されるかもしれない。しかし、ニューヨークのポリシングは、アフリカ系やラテン系のマイノリティにとっては、社会的排除という脅威を意味する。また、秩序を乱す行為とみなされる行動のレベル・定義がどこまで引き下げられるのか（あるいはトレランスのさらなる縮小化）、どの社会的立場から秩序が定義されるのか等の問題は社会的・政治的状況によってうつろいやすく、居住者の空間的距離ばかりか社会的な距離や排除が深刻化する可能性を否定できない。

さらに、秩序を乱す行為を除去することが都市住民にとって疑問を挟む余地のない（自明の）「善」であるかのような「秩序維持」政策の推進は、一九八〇年代以降、グローバル経済の金融中心地と、観光・エンターテイメントの都として都市の再生をめざしたニューヨークの新自由主義的な再発展プロセスにおいて重要な役割を担うものとして解釈可能であり、新自由主義下の空間リストラクチャリングと親和性を有するものである。

一九九〇年代後半のタイムズ・スクウェアの再開発は、従来あった猥雑な空間やいかがわしいポルノショップ等を除去し、それとともに人種的・倫理的なマイノリティの人々を立ち退かせた。代わりに登場したのは、ディズニーストアや商業ビル、大型のチェーンストアなどのグローバルな法人であった。近隣の資産価値は跳ね上がり、結果として旧い居住者に転出の圧力を加え続けている。そのような圧力に抗うことのできない人々にとっては、公共空間の秩序の再生とは、実のところ不動産開発業者や巨大法人の利害にもとづく空間の再編としか理解されず、公共空間からのコミュニティの撤退を意味するかもしれない。再開発等を通じた物理的な秩序の乱れの除去と、それを契機として厳しく展開される秩序維持のポリシングは、居住者（コミュニティ）の「生活の質」とは無関係に行われるか、むしろ彼らの「生活の質」を犠牲にする恐れもある。いずれにせよ、ニューヨークの場合、秩序の維持や再生の名のもとに、従来この都市がもっていた多様性・異質性に対する寛容性——都市の魅力——の終焉に向かう可能性があろう。

### （三）「9・11」後の新たな傾向——二〇一三年九月まで

そうした意味では、二〇〇一年九月一一日の同時多発テロは、ニューヨークの異質性への寛容をいよいよ弱めさせている。あの大惨事は、ニューヨーク市民に「テロリズム」の新たな脅威を植え付け、これまで以上にセキュリティへの希求を増大させている。ニューヨークの場合、都市空間のリスクの問題において、犯罪のリスクはその代表性を失い、テロリズムという新しいリスクが最優先の課題となっている。

二〇〇一年一〇月に施行された愛国者法（Patriot Act）は、将来起こりうるテロのリスクを減らすために、警察を始めとする治安機関の権限を強化し、特に「監視の拡大」と「移民法の選別的執行」を伴った（Bornstein 2005）。従来のアフリカ系男性に対する人種的プロファイリングはアラブ・ムスリムに対する宗教的・倫理的な側面でのプロファイリングへと重点を移している。アメリカで長期間生活し、アメリカ国内で生まれた人々に対する、市民的自由を犠牲とした監視強化は、監視される対象者の間に政府や法執行機関への疑念を生じさせている（Lane 2012）。

この文脈において最も重要なのは、このような一部の市民の犠牲の上に成り立つテロ未然防止の対策が、監視の対象とならない大部分の市民に支持され、歓迎されてしまうことである。間接的であれ、大多数の市民のテロに対する恐怖（リスクの実態に根拠を置かない不安）が、ほかの市民の社会的生活を、ほとんど無自覚に脅かしてしまう。このようにして生まれる相互不信が社会的距離を大きくし、さらなる互いの不信を招くという悪循環に陥る可能性を示唆している。

「9・11」後の都市空間に目を転じれば、論争を巻き起こしつつ進行しているのは、「ハーレム地区」――アフリカ系文化のシンボル・中心地である街、ニューヨークの一等地に隣接しつつも低所得者層が居住していた地域――の大規模な再開発である。居住者の多くはアフリカ系やラティーノを中心とする低所得者層であるため、再開発計画による中高級住宅化によって再びこの地域に居住可能なのは一割程度と見込まれている。(9)

そのような空間の再定義はまた、前述した一九九〇年代の人種的プロファイリングと高い親和性をもつ。再開発事業によって居住地から締め出される過程において、かつての住人たちはその場に「ふさわしくない人物」とみなされがちであり、警察による「停止・身体捜検」の対象となっている。[10]「9・11」後も、人口比に対し不釣合いに「停止・身体捜検」が集中しているのは、アフリカ系男性とラテン系男性である。[11]

このような状況下で、現在最も注目に値するのは、二〇一三年八月に下されたNYPDのポリシングをめぐる司法判断である。シェインドリン裁判官はNYPDの「停止・身体捜検」実践がアフリカ系・ラテン系を中心とするマイノリティに対する「レイシャル・プロファイリング」であり、彼らの憲法上の権利を侵害していることを認め、その戦術を変更するための多数の改善策を命じた。ニューヨーク市の警察実践の中核であり、世界的にサクセス・ストーリーとして宣伝されたNYPDの戦術に対する改善命令は、重大ニュースとしてメディアで大きく取り上げられている。[12]

この問題に対する市の動向が注目されるなか、ニューヨーク市長選挙が二〇一三年一一月に実施され、警察のポリシングのあり方が重要な争点の一つとなった。新市長となったビル・デブラシオ（民主党）は、NYPDの実践を差別的であると批判し、その活動を支持し継続を訴えた対立候補（共和党）に大差をつけて勝利した。経済的格差と不平等の是正をうたった、二四年ぶりの民主党の市長を誕生させたニューヨークがどのような方向転換をはかるのか注目される。

## 五　おわりに

以上、ニューヨークを中心に現代都市空間のリスクの問題を、おもに犯罪のリスクの側面から論じてきた。イギリス、フランス、アメリカともに、都市の暴力と犯罪は政治的課題となっている。それぞれの社会的状況を構成する諸条件（階級、世代、移民、マイノリティなど）の詳細には違いがみられるものの、都市の凝離がセキュリティという価値――社会的な「善」として神格化されつつある価値――によって、いっそう深刻化する可能性が指摘される。特にニューヨークでは、犯罪リスク回避の取り組みに伴う社会的コストや犠牲が、実際には社会の一部の構成員に過重に負荷され、社会全体として負担されているわけではない。しかし、逆説的なことに、セキュリティが「社会的なもの」であり公共財であるという視点のもとに都市のビジョンが構築されることがない限り、諸個人の希求する主観的な意味でのセキュリティは決して獲得されえないであろう。

## 註

（1）英国犯罪調査の結果から、一九八〇年代に犯罪量が増加したばかりか、その質や地理的分布に大きな変化が生じたことが指摘されている。

（2）「近隣警戒活動」が実際に犯罪の減少をもたらす効果があるかどうかについては、効果を認めない学術的見解が主流である。

（3）「英、病める『飲酒文化』」（『日本経済新聞』二〇〇八年四月六日）、「少年のナイフ犯罪」（『日本経済新聞』二〇〇八年八月三一日）。

（4）今野・高橋（二〇〇六）では、二〇〇五年「暴動」の発生の経緯と事態の推移をフランスの新聞等の報道から再構成し、郊外における若者の都市暴力と移民問題、犯罪予防・治安対策等について、検討を加えている。

（5）T・ホープは、人々が特定の地域に居住することによって生まれるセキュリティの一形態（隣人の慣行や規範、日常的な行動や監視のあり方と、それらに対する信頼に由来する）に着目する。富裕なコミュニティでは、金銭的投資や地域活動への参加によってセキュリティを獲得しようとする個々の居住者の努力は、当人を超えて他の居住者にも恩恵を与える。私的セキュリティのこの集合性・相互性は、非居住者には全く恩恵をもたらさないことから、「クラブへの加入」にたとえられる（Hope 2000）。

（6）COMPSTATの取り組みは、日本の警察関係者においても紹介されている。詳細なものとして、関口（二〇〇二）がある。

（7）人種的プロファイリングの問題点を憲法学的な見地から検討したものとして、今野・高橋（二〇〇八）がある。

(8) Greene (1999)。また、一九九七年から九九年の二七ヶ月間に市民苦情審査委員会に申し立てられた苦情の内訳をみると、アフリカ系市民の苦情が全体の六三%、ラティーノの苦情が全体の二四%を占めている(Fagan and Davies 2003)。

(9) ハーレムの再開発については、いくつかの日本のメディアでも取り上げられた。その一つとして、「朝日新聞」二〇〇八年七月一六日。

(10) これに関連する記事として、「日経ビジネス」を引用する。「ハーレムの大通りが闇に包まれると、街角ごとに複数の警官が立ち、話し込む人々に『止まるな。動け』とけしかける。犯罪を未然に防ぐための施策だが、こうした警備体制が黒人を狙い撃ちにしているとの批判が高まっている」(日経ビジネス二〇〇七年二月二六日号)。

(11) ニューヨークのアメリカ自由人権協会の分析では、NYPDの二〇一二年の「停止・身体捜検」の対象者のうち四〇・六%が若いアフリカ系とラティーノであったが、人口に占める割合は四・七%に過ぎないという(「ロイター通信」二〇一三年九月一〇日)。

(12) この司法判断とその社会的影響について、様々なメディアが報じている。代表的なものとして、地元紙であるニューヨークタイムズは二〇一三年八月以降、多くの特集記事を掲載している。

## 参考文献


Blakely, E. and M. Snyder (1997) *Fortress America: Gated Communities in the United States*, Washington D.C.: Brookings Institution

Press.

Bornstein, A. (2005) 'Antiterrorist Policing in New York City after 9/11: Comparing Perspectives on a Complex Process', *Human Organization*, vol. 64(1), pp. 52-61.

Bowling, B. (1999) 'The Rise and Fall of New York Murder: Zero Tolerance or Crack's Decline?', *British Journal of Criminology*, vol. 39(4).

Crawford, A. (1998) *Crime Prevention & Community Safety: Politics, Policies & Practices*, London: Longman.

——— (2002) 'The Growth of Crime Prevention in France as Contrasted with the English Experience', in G. Hughes et al. (eds.) *Crime Prevention and Community Safety: New Direction*, London: Sage.

Fagan, J. and G. Davies (2000) 'Street Stops and Broken Windows: Terry, Race, and Disorder in New York City', *Fordham Urban Law Journal*, vol. 28, pp. 457-504.

——— (2003) 'Policing Guns: Order Maintenance and Crime Control in New York', in B. E. Harcourt (ed.) *Guns, Crime, and Punishment in America*, New York: New York University Press.

Fagan, J., Zimring, F. and J. Kim (1998) 'Declining Homicide in New York City: A Tale of Two Trends', *The Journal of Criminal Law and Criminology*, vol. 88(4), pp. 1277-1324.

Garland, D. (2000) 'The Culture of High Crime Societies: Some Preconditions of Recent "Law and Order" Policies', *British Journal of Criminology*, vol. 44, pp. 347-375.

Goldstein, P. J., H. H. Brownstein, P. J. Ryan and P. A. Bellucci (1997) 'Crack and Homicide in New York City: A Case Study in the Epidemiology of Violence,' in C. Reinarman (eds.), *Crack in America: Demon Drugs and Social Justice*, Berkeley, CA: University of California Press.

Greene, J. A. (1999) 'Zero Tolerance: A Case Study of Police Policies and Practices in New York City', *Crime and Delinquency*, vol. 45(2), pp. 171-187.

Gross, S. R. and D. Livingston (2002) 'Racial Profiling Under Attack', *Columbia Law Review*, vol. 102(5), pp. 1413-1438.

Hale, C. (1996) 'Fear of Crime: A Review of the Literature', *International Review of Victimology*, vol. 4, pp. 79-150.

Harcourt, B. E. (2001) *Illusion of Order: The False Promise of Broken Windows Policing*, Cambridge, MA: Harvard University Press.

——— and J. Ludwig (2006) 'Broken Windows: New Evidence from New York City and a Five-City Social Experiment', *The University of Chicago Law Review*, vol. 73: pp. 271-320.

Harvey, D. (2002) 'Cracks in the Edifice of the Empire State', in M. Sorkin and S. Zukin (eds) *After the World Trade Center: Rethinking New York City*, London: Routledge.

Hope, T. (2000) 'Inequality and the Clubbing of Private Security', in T. Hope and R. Sparks (eds.) *Crime, Risk and Insecurity*, London: Routledge.

Joanes, A. (2000) 'Does the New York City Police Department Deserve Credit for the Decline in New York City's Homicide Rates? A Cross-City Comparison of Policing Strategies and Homicide Rates', *Columbia Journal of Law and Social Problems*, vol. 33, pp. 265-311.

Karmen, A. (2000) *New York Murder Mystery: The True Story behind the Crime Crash of the 1990s*, New York: New York University Press.

Kelling, G. L. and C. M. Coles (1996) *Fixing Broken Windows: Restoring order and Reducing Crime in Our Communities*, New York: Simon & Schuster.（G・L・ケリング／C・M・コールズ『割れ窓理論による犯罪防止——コミュニティの安全をどう確保するか』小宮信夫監訳、文化書房博文社、二〇〇四年）

——— and W. J. Bratton (1998) 'Declining Crime Rates: Insiders' View of the New York City Story,' *The Journal of Criminal Law and Criminology*, vol. 88(4).

——— and W. H. Sousa Jr. (2001) 'Do Police Matter? An Analysis of the Impact of New York's Police Reforms,' *Civic Report*, vol. 22.

Lane, E. (2012) 'On Madison, Muslims, and the New York City Police Department', *Hofstra Law Review*, Spring 2012.

Livingston, D. (1997) 'Police Discretion and the Quality of Life in Public Places: Courts, Communities, and the New Policing', *Columbia Law Review*, vol. 97(3), pp. 551-672.

Loader, I. (1997) 'Private Security and the Demand for Protection in Contemporary Britain', *Policing and Society*, vol. 7, pp. 143-162.

Manning, P. K. (2001) 'Theorizing Policing: The Drama and Myth of Crime Control in the NYPD,' *Theoretical Criminology*, vol. 5(3), pp. 315-344.

Melendez, M. C. (2006) 'Moving to Opportunity & Mending Broken Windows', *Journal of Legislation*, vol. 32, pp. 238-262.

Mucchielli, L. (2001) *Violences et insécurité, fantasmes et réalités dans le débat français*, Paris: La Découverte.

Rosenfeld, R., R. Robert and E. Baumer (2005) 'Did Ceasefire, Compstat, and Exile reduce homicide?' *Criminology & Public Policy*, vol. 4(3), pp. 419-449.

Rosenthal, L. (2005) 'The Crime Drop and the Fourth Amendment: Toward an Empirical Jurisprudence of Search and Seizure', *New York University Review of Law and Social Change*, vol. 29, pp. 641-682.

Ruth, H. and K. R. Reitz (2003) *The Challenge of Crime: Rethinking our response*, Cambridge, MA: Harvard University Press.

Sherman, L. W. and J. E. Eck (2002) 'Policing for Crime Prevention', in L. Sherman, D. P. Farrington, B. C. Welsh and D. L. MacKenzie (eds.) *Evidence-Based Crime Prevention*, London: Routledge.

Site, W. (2003) *Remarking New York: Primitive Globalization and the Politics of Urban Community*, Minneapolis: University of Minnesota Press.

Skogan, W. G. and S. M. Hartnett (1997) *Community Policing: Chicago Style*, Oxford: Oxford University Press.

Skolnick, J. H. (2005) 'Democratic Policing Confronts Terror and Protest', *Syracuse Journal of International Law and Commerce*, vol. 33: pp. 191-212.

——— and A. Caplovitz (2003) 'Guns, Drugs, and Profiling: Ways to Target Guns and Minimize Racial Profiling', in B. E. Harcourt (ed.) *Guns, Crime, and Punishment in America*, New York: New York University Press.

Stuntz, W. J. (2002) 'Local Policing After the Terror', *The Yale Law Journal*, vol. 111, pp. 2137-2194.

Thompson, A. C. (1999) 'Stopping the Usual Suspects: Race and the Fourth Amendment', *New York University Law Review*, vol. 74, pp. 956-1013.

Tilley, N. (2002) 'Crime prevention in Britain, 1975-2010: breaking out, breaking in and breaking down', in G. Hughes et al (eds.) *Crime Prevention and Community Safety: New Direction*, London: Sage.

Zedner, L. (2000) 'The pursuit of security', in T. Hope and R. Sparks (eds.) *Crime, Risk and Insecurity*, London: Routledge.

高橋早苗・今野健一（二〇〇二）「リスク社会における個人のセキュリティに関する研究・序説」、『仙台白百合女子大学紀要』第七号。

今野健一・高橋早苗（二〇〇三）「犯罪のリスクと個人のセキュリティ——イギリスとフランスを中心に」、山形大学法学会『法政論叢』第二八号。

———（二〇〇六）「フランスにおける暴動——都市暴力、若者、セキュリティ政策」、山形大学法学会『法政論叢』第三六号。

――――（二〇〇八）「ニューヨークにおける犯罪の減少と秩序維持ポリシング」、『山形大学紀要（社会科学）』第三八巻第二号。

――――（二〇一二）「ロンドン暴動の研究」、『山形大学紀要（社会科学）』第四三巻第一号。

関口政志（二〇〇二）「ニューヨーク市警におけるＩＴイノベーション施策（上）（下）」、『警察学論集』第五五巻第一一号・一二号。

# 第四章　モビリティとセキュリティの空間

菱山宏輔

## 一　はじめに

空間はさまざまな移動によって乗り越えられ、ときにつなぎ合わされ、そして移動そのものを制限してきた。現在、移動のコストの低下、様々な移動手段の提供により、いっそう多くのひとが時間と空間をとびこえて移動するようになっている。モビリティの増大は、人びとの移動の自由を高める一方で多くの問題をつくりだした。移動手段の発達にあわせ移民が増大し、その包摂が問題となった。自動車は、それまでにない量の交通事故をうみだした。飛行機の就航後は、一度の事故により数百人が命を落とすような事態を招くこととなった。同時に、移動手段は人びとの分断をうみだした。列車を利用できる人とそうでない人、自動車を所有できる人とできない人、こうした違いが、時として居住場所の違いとなり、社会階層やエスニシティの差を意味するようにさえなった。都市中心部の繁華街は、さまざまな移動手段によって人びとが集まり、そして犯罪が生じる場所となった。

都市社会学の誕生に大きな役割を果たしたシカゴは、まさに人の移動によって形成された都市であった。国境をこえて移動してきた移民は、シカゴという大都市がもつ同心円構造と社会的フィルタリング、ゾーニングに従って、社会職業的地位の上昇とともにインナーエリアから郊外方向に向けて居住場所を移動させた。管理職を占める白人は、郊外から中心部CBDへと通勤の移動を日々繰り返していた。アフリカ系アメリカ人の流入はブラック・ゲットーを形成した。都市中産階級的価値観にとって、移動してきた移民は社会秩序を揺るがせる要因ともなり、それゆえに排除の対象ともされた。ダンスホールに集まって深夜までたむろし、閉店後には路地へと散っていく客やタクシーダンサー達もまた、風紀を乱すものとされ、取り締まりの対象となった。移動は、社会秩序をつくり都市の空間・文化を発展させるとともに、コンフリクトや逸脱を形成してきた。

日本においても戦後、モビリティが物理的にも社会的にも増大することとなった。それは、農村から都市への移動、そして郊外への移動として、社会的な成功と上昇を伴うものであった。その方向性と移動の流れは力強く、逸脱は稀であるがゆえに可視的であった。めったにない逸脱は、力強く方向付けられた社会の発展の水路のなかに再度包摂されるものであった。しかしながら現在、移動の方向性は多様化し、さまざまな境界を乗り越えるようになった。逸脱は偏在し、誰しもが道を踏み外し得るとみなされはじめている。都市空間は就航する多数の飛行機によって世界的に結びつけられる一方、その足下では、新たに移動を方向づける試みが渦巻き、境界が再形成される舞台が生じている。

本章では、セキュリティの技術によって移動を制限し排除の空間を作り出すのではなく、移動可能性（モーティリティ[1]）を担保する空間のなかで包摂可能性が増大するという意味で開かれ、セキュリティの技術を相対化し、再場所化されるような地域セキュリティの空間と場所について論じる。そのため、続く第二節では、日本における「安全安心まちづくり」を対象に、モビリティが様々な境界を乗り越え、そのことにより犯罪の特徴が規定されてきたこと、対応として、地域社会における物的・心理的境界を明確にしようとする方向性が生じていることを明らかにしたい。第三節では、物的・社会的境界としてのゲーテッド・コミュニティに着目し、米国においてモビリティの進展が郊外の拡大をさらに促し、ゲーテッド・コミュニティを生み出していることを明らかにしたい。最後に第四節では、コミュニタリアンの議論が日本の「安全安心まちづくり」における境界形成、ゲーテッド・コミュニティにみられる境界形成のどちらに対しても有効な処方箋を見いだし得ないことについて論じる。その後、それらに対する一定の解決策として、鹿児島市の地域防犯ボランティアにおいて、空間を境界づけるのではなく、徒歩によるモビリティを担保する地域社会像を梃に再場所化が図られる事例、次いで、バリ島のゲーテッド・コミュニティを事例に、ゲート空間の再場所化について論じ、地域セキュリティにおけるモーティリティの重要性を明らかにしたい。

## 二　排除のためのセキュリティの空間

### （一）乗り越えられる空間・再定位される境界——安全安心まちづくり

**①犯罪における境界の消滅**　モビリティの急激な展開は、犯罪の生じ方に影響を及ぼしてきたとされる。平成四年の警察白書の特集「ボーダーレス時代における犯罪の変容」（警察白書 一九九二）では、一九八〇年代後半から犯罪は従来の境界をこえ「ボーダーレス」な現象として現れはじめたとされ、「地理的境界の消滅」と「社会的境界の消滅」という二点からボーダーレス化がとり

あげられた。同白書によれば、「犯罪」における「地理的境界の消滅」は、自動車利用（逃走）として生じていた。例えば、一九八四年、江崎グリコ社長誘拐に端を発した一連のグリコ・森永事件（警察庁指定第一一四号事件）、一九八七年の朝日新聞記者殺傷、器物損壊及び爆破未遂等事件（警察庁指定第一一六号事件）、一九八八年の連続幼女誘拐殺人及び死体遺棄事件（警察庁指定第一一七号事件）のいずれも、自動車を利用した広域犯罪として取り上げられた（警察庁 二〇〇〇：第一章第一節）。同様に、「犯罪」を規定する「社会的境界の消滅」としては、被疑者ならびに被害者双方において、男女の区別の消滅、年齢による区別の消滅がみられ、生活のための（貧困を理由とした）犯罪の減少、家財道具を盗み出すような「泥棒」の減少が生じていた。

同白書は、さらに「日常生活」についての議論にも踏み込み、「地理的な境界の消滅」と「社会的な境界の消滅」に言及している。前者については、「生活のモビリティーの増大」、すなわち自動車保有台数の増加（同時に公共交通機関利用者の減少）、昼間流出・流入人口（通勤通学等）の増加が注目された。同様に「社会的な境界の消滅」については、核家族化の進展、自動車利用、周辺市街地・県境付近への居住の拡散により、「地域社会における人と人の関係の希薄化」・「近隣の人々とのコミュニケーションの機会の減少」が生じているとされ、女性の社会進出の増大による昼間不在世帯の増加、買い物行動の変化（旧市内商店街から、自動車利用による郊外のスーパーマーケットへ）が着目された。こうした状況から、情報入手などの点において捜査活動が困難となっており、全体として、捜査の広域化、長期化等の必要が提示された。

このように、治安のいっそうの悪化は、日常生活におけるモビリティの増大と、そこから導き出される犯罪そのものにおけるモビリティの増大とともに生じた、と評価されてきた。

**②現代の犯罪とモビリティの浸透**

以上のような着眼点に即して、現在の「犯罪」と「日常生活」それぞれの「地理的境界の消滅」と「社会的境界の消滅」の特徴を明らかにしよう。犯罪の「地理的境界の消滅」という点においては、近年、警察庁が指定する重要事件のみならず、例えば東京周辺を拠点とし、高速道路を移動して北関東各県で車上狙い等窃盗を行う外国人犯罪の増加（朝日新聞二〇〇五・一・三朝刊）、高速道路を自動車で移動し、車上狙いと閉店後の店舗を狙った空き巣を繰りかえし、すぐに現場を離れる「ヒット・アンド・アウェー」型の犯罪の増加（朝日新聞二〇一〇・四・二七朝刊）がみられ、窃盗・空き巣という犯罪行動に伴う移動が広域化している。さらに、犯罪の地理的分布は、罪種・手口ごとに分布の変化の相違はあるものの、かつて夜の都心部のオフィス街・繁華街周辺であったものが、「夜の繁華街と昼の住宅街という境界」（河合二〇〇四：一〇五―一〇八）をこえて、昼の周辺住宅地区に広がっている（原田二〇〇一、徐・鈴木・樋野二〇〇六、水野・元村・廣瀬二〇〇九）。

犯罪における「社会的境界の消滅」としては、児童見守り隊等のボランティアが強制わいせつの疑いで逮捕された事件（朝日新聞二〇〇九・七・一四朝刊、二〇一〇・七・二三朝刊、二〇一二・七・一一朝刊）、保護者によるグループ通園時に引率役の母親が園児二人を刺殺した事件（二〇〇六）等をあげることができよう。両者は、治安のための共同体そのものが犯罪の温床となり得るという、リスク社会の自己再帰性を端的に示すものであるといえる。その他、「社会的境界の消滅」の事例として、インターネットや携帯電話を介した事件についてはは枚挙に暇がないであろう。このようにして、「地域や時間帯を使った境界も緩むことによって、総数としては増加しなくとも、至る所、いつでも、薄く広く危険がある、安心できない状況」（河合二〇〇四：八七）が生じ、諸個人が治安に対してもつ主観的な感覚、いわゆる「体感治安」が悪化している。

日常生活における境界の消滅とモビリティもまたいっそう進展している。自動車所有・利用状況に着目して明らかにしよう。まず自動車の保有台数について、軽自動車を含む乗用車のみでみれば、一九六六年に二二八万九、六六五台、一九七二年に一、〇〇〇万台、一九七九年に二、〇〇〇万台、一九八九年に三、〇〇〇万台、一九九四年に四、〇〇〇万台、二〇〇〇年に五、〇〇〇万台、二〇一三年には五、九〇〇万台をこえ、六、〇〇〇万台に届く勢いであり、一貫して増

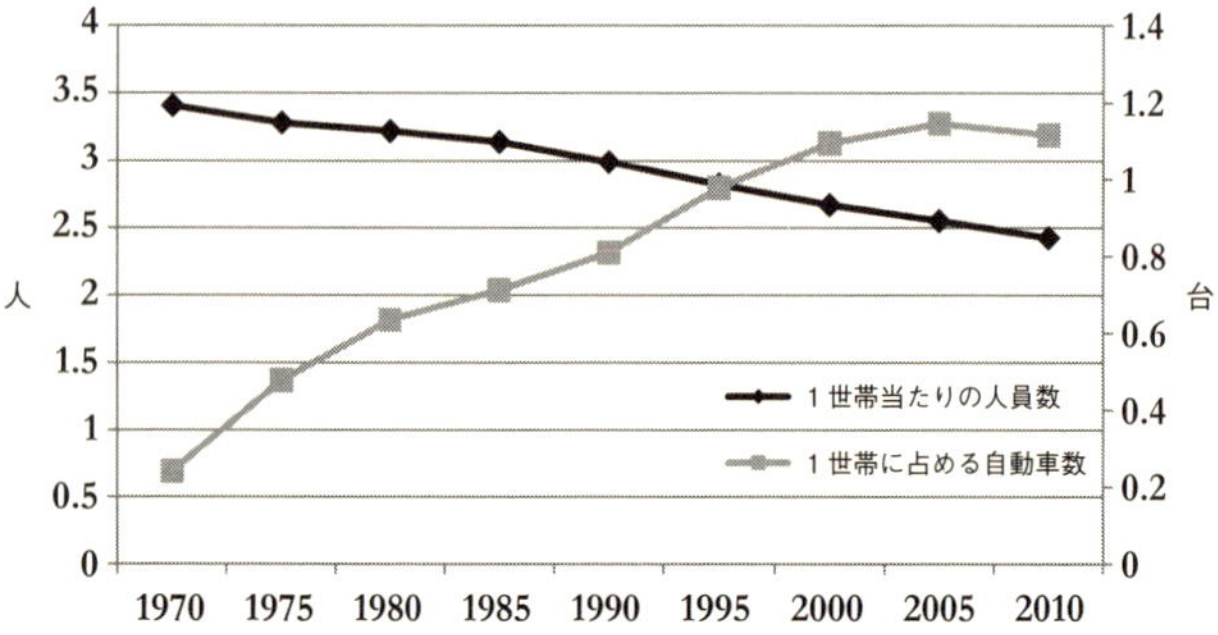


図１　１世帯あたりの人員数と１世帯に占める自動車数
出典：一般財団法人 自動車検査登録情報協会（http://www.airia.or.jp/number/index.html）、国勢調査各年度より筆者が作成。
註：1 世帯当たりの人員数は差軸の値、1 世帯に占める自動車数は右軸の値をとる。

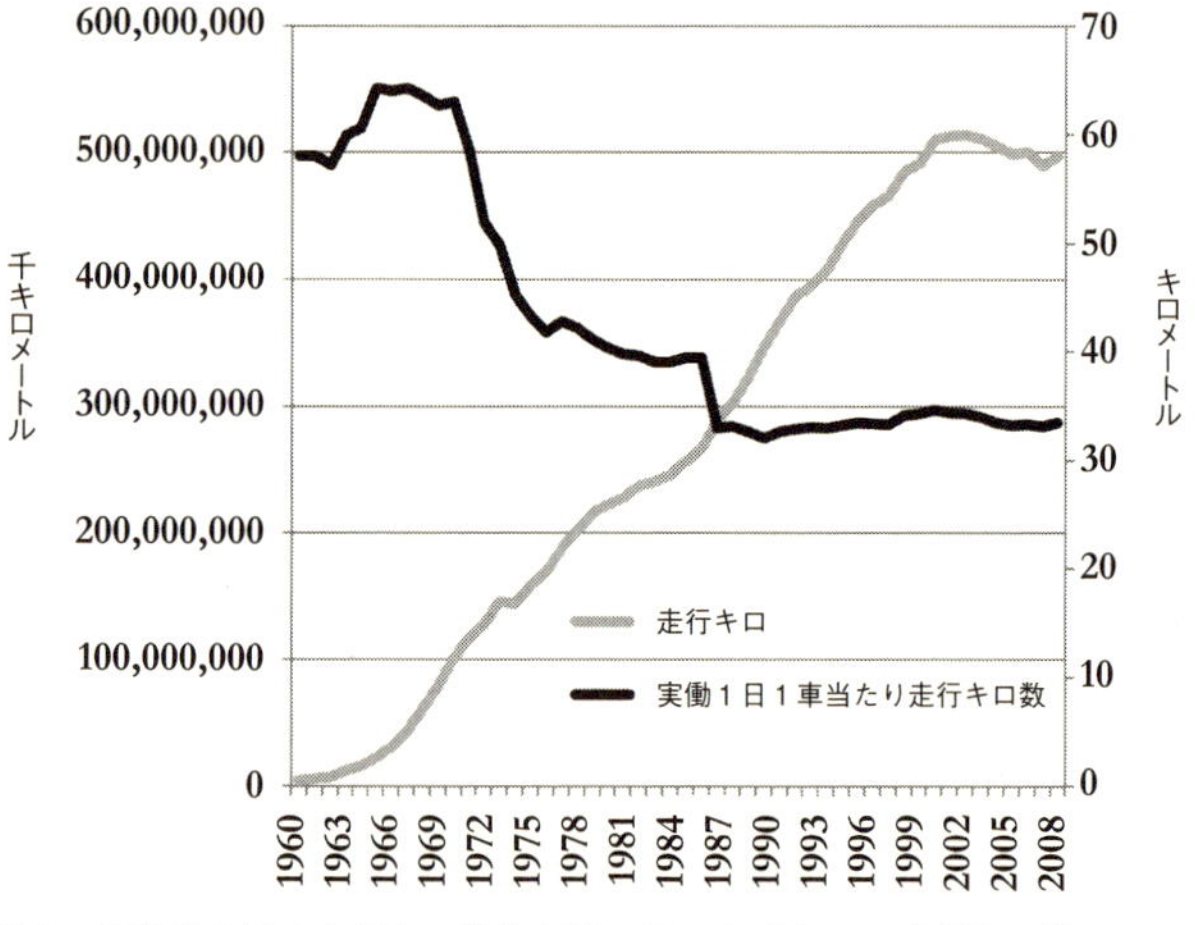


図２　自動車全体の走行キロ数と実働１日１車当たりの走行キロ数
出典：1960-1962、1987-2009 年は運輸省『自動車輸送統計』の各年度、1963-1986 年は運輸省『陸運統計年報』各年度。
註：走行キロは左軸の値、実働 1 日 1 車当たり走行キロは右軸の値をとる。

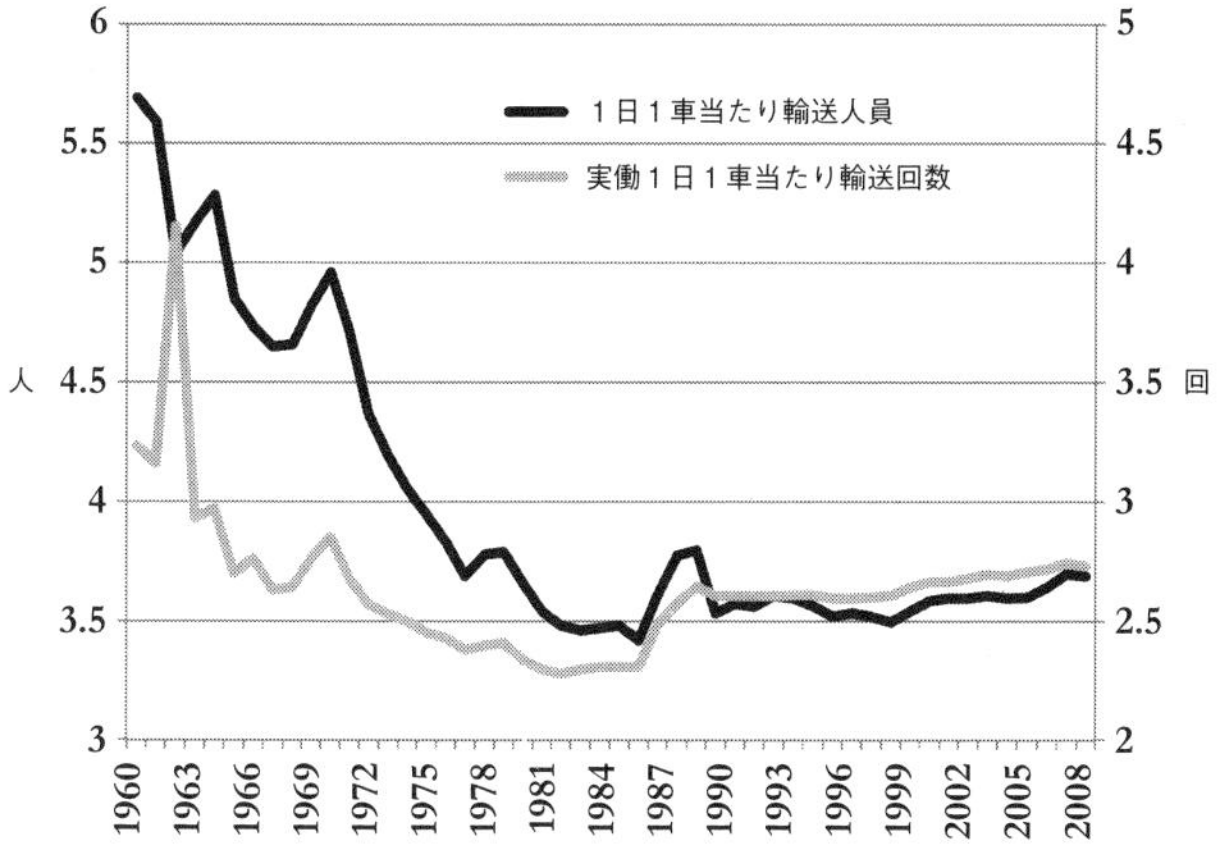


図3　1日1車あたりの輸送人員と輸送回数

出典：1960-1962、1987-2009年は運輸省『自動車輸送統計』の各年度、1963-1986年は運輸省『陸運統計年報』各年度。

註：1日1車あたり輸送人員は左軸の値、実働1日1車当たり輸送回数は右軸の値をとる。

加傾向にある（自動車検査登録情報協会『自動車保有台数の推移』）。これは、世帯単位においてもあてはまる。各世帯は、その構成人員数を減らし続ける一方で、二〇〇〇年には平均で一台以上の自動車を保有するようになった（図1）。

自動車の利用の仕方もまた大きく変化してきた。自動車全体の走行キロは増加する一方で、一台あたりでみるとむしろ減少傾向にある（図2）。すなわち、多くの自動車が、短い距離を移動しているという状況である。一日の輸送回数をみると、一九八〇年頃まで減少傾向にあったが、その後、漸増している（図3）。一日一車あたりの輸送人員数に関しても近年

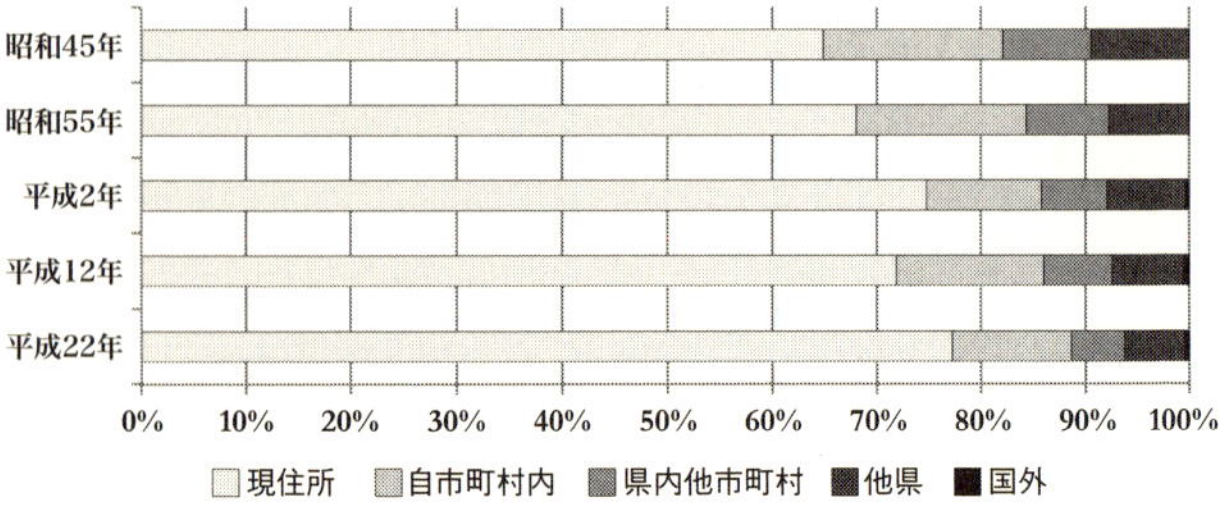


図4　５年前の常住地の割合の推移
出典：国勢調査各年度より筆者が作成

微増の傾向にあるが、全体として減少傾向はより顕著である（図3）。すなわち、近年自動車は、少ない乗車人数で（オートモビリティの個人化の浸透）、短い距離を何度も移動している（オートモビリティの偏在）という状況にあるといえる。

さらに、モビリティについて時間軸と空間軸を広げ、転居、すなわち「居住モビリティ」について明らかにしておきたい。図4は「五年前までの常住地」の割合を示している。現住所が全体に占める割合は増加しており、転居が少なく、転居に関わるモビリティの程度が低くなっていることがわかる。同時に、今日まで人口集中地区面積は広がり、一九七〇年に比べ二〇〇〇年には二倍となるとともに、人口は中心市街地で減少、郊外で増加し、ロードサイドビジネスが活況を呈してきた（中小企業白書 二〇〇六：第三部第四章第一節）。現在では一部大都市において都心回帰がみられるものの、こうした傾向のなかで郊外に居を構えた人びとはその場所を長期的な定住地とし、一人で自動車に乗り、郊外の環境のなかを行ったり来たりしているのである。もちろん、インターネットや携帯電話によって、私たちは情報のモビリティのなかに生活し、ヴァーチャルな移動を可能としていることをふまえても、利用の頻度が比較的高い日常的なモビリティが偏在するかたちでいっそう進展していると言えよう。

地理的・時間的境界の消滅、社会的境界の消滅は、犯罪の特徴にも私たちの生活にもよりいっそう浸透しており、それは、各種事象の偏在というかたちで現れている。犯罪の側面においては、あらゆる市民が犯罪にあい、さらには犯罪者となる可能性をもつとみなされる状況にある。私たちの日常的なモビリティは次々と生起し、都市自体がモビリティのネットワークの交点となっている。しかしながらそれと同時に、セキュリティの観点から空間と境界が再定位されはじめている。

## (二) 監視の技術とまなざし

伝統的な犯罪学は、犯罪原因論の立場から、事後的に犯罪の原因をどのように考え、対処すべきかについて考えてきた。しかし近年、公的機関への疑義や被害者運動の高まり等から、事前予防・未然予防への関心が強まっている。

さまざまな境界をこえる犯罪に対して、二つの方向性をもった対策が展開されてきた。それは、追跡技術や監視技術の高度化に代表される科学技術的対応と、その応用としての社会技術的対応である。多様化・広域化し、日常に偏在する犯罪への対応を最も合理的に行う手段としての科学技術的対応として、データベース監視が発達した。このとき、ある個人のライフ・ヒストリーや社会的役割に関心をむける必要はない。過去の犯罪の社会的背景に言及する必要もない。データベースに適合した個人であれば誰でも、犯罪を未然に防ぐという目的で事前の排除の対象となる。これまでの一望監視は、他者の「まなざし」を内在化し、自らを律する近代的自己を生産してきた。しかし現在、そうした近代的システムのほころびが広まるなかで、その不可能性とともに、行為主体に関わらず誰もが犯罪を起こし得るという前提を生み、データベース監視が行われている。いわば、「あなたが表現する自分はあなたではない。データの履歴こそがあなたを表している」という世界であり、複数の属性の組み合わせにより、誰もが事前に排除の対象とされ得る世界である。

その応用としての社会技術的対応が、日常における都市空間の環境整備にも適用されている。誰が犯罪を起こすかわからない。不安は偏在する。そのため、現在の犯罪への対応として、日常生活の様々な側面を犯罪の機会へと結びつけ、そうした機会を許さない環境の形成をめざす環境犯罪学が発展した。それは、消失した境界を地域住民の活動によって補完し、かつ人間関係の希薄化に対してはより具体的な地域社会像を提示することで、境界を再生しようとするものである。上述したように、これまでの犯罪対策は日常生活のほころびに対してそのつど対応するものであった。現在、日常生活そのものが、犯罪の機会を見つけ出そうとするまなざしによって捉えられている。

そうした社会的趨勢のなかで、犯罪予防について、刑罰の厳罰化に向かう「法執行モデル」、子どもの発達への介入策としての「発達的予防モデル」、犯罪機会を減少させる「状況的モデル」、居住地域の社会的諸条件の変革にむけた介入としての「コミュニティ・モデル」が展開されてきた（守山二〇〇三）。ここでは、「境界の再生産」という観点から、「状況的モデル」と「コミュニティ・モデル」に即して、環境犯罪学と地域安全活動に着目したい。

コーエンとフェルソンは、日常生活から犯罪機会を導く環境犯罪学の進展に大きく貢献した。かれらによると、人や物に対する不法行為は、その時間と空間における最小限の三要件すなわち「動機（犯意）を持つ犯罪者」、「適切な標的」、「有能な犯罪監視者の不在」の集中によって生じ得る（Cohen and Felson 1979 = 2007）。この理論の背景は、米国社会のルーティン・アクティビティ（日常的活動）構造の変化にあった。例えば、一九六〇年から七〇年の一〇年間において、女性労働力人口が増加し、留守宅が増加し、侵入に適切な標的、監視者の不在をもたらした。耐久財としての軽量化された電子機器が流行し、一般消費者商品市場が盗難に格好の商品(適切な標的)を生産することとなった。都会および郊外の発展とあわせ、自動車は、平均的な市民だけでなく犯罪者にも移動の自由を与えた。かれらの理論は、犯罪者個人だけでなく、犯罪の機会、犯罪の環境へと注目をあつめさせることとなった。

### (三) 物理的なバリアと心理的なバリア

そこから、一枚の割れた窓でさえ、それを放置すると環境の悪化、治安の悪化へとつながるという考えに基づく「割れ窓理論」へと展開した。日本における「安全安心まちづくり」においても、この理論が大きな影響をもった。小宮(二〇〇七)は犯罪機会論の「領域性」と「監視性」に着目し、「物理的なバリア」と「心理的なバリア」の必要性をあげ、地元住民による自主防犯活動として、「みえづらく」「入りやすい場所」で犯罪がおこりやすいこと、わずかな環境の悪化が犯罪を呼び込むことを主張し、それらの場所を改善するためのフェンスの設置、縄張り意識の共有、さらに、ゴミ出しの管理、違法駐輪への対応などをあげている。

心理的なバリア、縄張り意識の活況の供給源は、地域社会である。犯罪対策閣僚会議もまた、

『世界一安全な国、日本』の復活」のために、かつてあった地域社会の「伝統的な」絆の再興に基づき、犯罪を無くすことを謳っている。このような背景のもと、役員の高齢化や加入率の低下によって停滞を余儀なくされる近隣住民組織において、物理的手段も依拠すべき価値意識も用意された「安全安心まちづくり」が活況を呈している。そのなかで、高齢者主体の自主防犯ボランティアが増加するとともに、排除やディバイドの新たな線引きがなされている（菱山二〇一三a）。以上のように、監視の新たな科学技術、都市環境をまなざす社会技術、地域社会において醸成される「伝統」により、都市空間の境界が再設定されようとしている。

次の節では、米国の郊外化とモビリティを事例として都市空間の物的ディバイドの進展について論じることによって、モビリティに対する肯定的・否定的両評価の位置づけを明確にしたい。

## 三　閉ざされる空間とモビリティの分水嶺——米国の移動と郊外化

特に、米国においてはその近代化の歴史において、移動そのものがもつフィルタリングと、移動先で働くフィルタリングというかたちで、移動が常にセグリゲーションを伴いながら、あるいはセグリゲーションの手法そのものとして存在してきた。すなわち、米国における自動車移動と郊外化は、自由な移動という現実と、移動の不自由という両者をあわせもってきたといえよう。現在、郊外の拡張とゲーテッド・コミュニティの増加が、都市空間の分断をいっそう推進している。

### （二）郊外に閉ざされる空間

R・D・パットナムによれば、「一九五〇年代においては一年間に米国人の二〇％が住居を変え、七％は別の郡《カウンティ》もしくは州に移動していた。一九九〇年代にはそれぞれが一六％と六％であった。米国人は今日ではどちらかといえば、一世代前と比べてわずかながらより定住傾向にある」（パットナム 二〇〇六：二四八）という。これは、米国人がより移動しなくなった、ということであろうか。ここで注意すべきは、パットナムが指す移動は、転居の頻度としての「住居移動」に該当するということである。それに対して日常的な「日々の移動」、ここでは通勤の場面に目を向けると、なおいっそう移動する社会となっているようにみえる。

米国の通勤移動(2)において大きな割合を占めるメトロポリタン・エリア（人口一〇〇万人以上）は、一九九〇年から二〇〇〇年までの間に三九カ所から五〇カ所に増え、居住人口は一億二、四〇〇〇万人から一億六、二〇〇〇万人に増加した（Pisarski 2006: xiv）。このなかで、二〇〇〇年の通勤者は一億二、八〇〇〇万人にのぼり、その半数にあたる六、五〇〇〇万人が郊外居住者であった（Pisarski 2006: xiv）。通勤手段をみると、全通勤者のうち七五・七％は自動車での通勤であり、一九八〇年（六四・三七％）以来、顕著に増加している（Pisarski 2006: xvi）。大都市圏への人の集中と郊外化の進展のなかで、自動車による郊外内通勤が中心的な役割を占め、米国の自動車社会がなおいっそう進展しているといえよう。さらに、他の大都市の郊外への通勤という、郊外間移動も増加し、郊外どうしの社会経済的つながりの強化が予想される（Pisarski 2006）。郊外内移動であっても、郡から他の郡へという移動が増加傾向にあり、通勤における自動車の役割はいっそう重要なものとなっている。

### （二）多くの自動車でいっそう移動する

郊外のなかに閉ざされる空間を可能としているものが、通勤のみならず日常的にも頻繁に利用される、自動車による移動である。パットナムは、「一九六九年には一世帯当たり車一台の社会であったものが、一九九五年までには、この期間平均世帯規模が縮小したにもかかわらず二台近い社会へと移行した」（パットナム二〇〇六：二五六）と論じている。この傾向は、二〇〇九年までほぼ一貫した増加傾向にある[3]（Federal Highway Administration 2009）。

移動の時間的尺度を「年間」ではなく、「一日」にとってみたとしよう（Federal Highway Administration 2010）。パットナムが参照している一九六九年と比べ、二〇〇一年の多くのデータにおいて過去最高を記録し、一日の自動車での移動回数、移動距離はおよそ一・五倍になっている。自動車を含む移動一般でみても一人あたりの一日の移動回数、一日の平均移動距離、世帯あたりの一日の移動回数ともに増加し、大幅に移動する社会になっているともいえる。

このようにみると、今日の米国人は、住居を移動する回数を減らし定住傾向にあるなかで、郊外に定住しながらよりいっそう動き回っている様子が明らかである。すなわち、郊外志向の自動車社会の傾向がなお存続し、一面で強化されているといえよう。さらにパットナムは、大都市圏のスプロール現象が社会的分離の拡大と関係していること、人々は自動車に乗ってより遠くへと通勤するようになっていることを説明することで、「自動車と郊外との間にある共生関係」（パットナム二〇〇六：二五六）を強調している。こうした社会状況は、コミュニティにどのような影響を及ぼすのか。

## （三）地域からの離脱かネットワークの創出か

パットナムは、「概算では、通勤時間が一日当たり一〇分増加するごとに、コミュニティ問題への関与が一〇%失われる」と分析し、車と通勤が「コミュニティ生活にとって悪影響」であると評価している（パットナム 二〇〇六：二五八、傍点筆者）。こうした評価の立場は、米国の移動とセグリゲーションの歴史の延長にあるといえよう。また、近年みられるゲーテッド・コミュニティの増加と郊外における貧富の差の増大（Vesselinov 2008）を考えると、自動車はゲートに閉じこもり、ゲートからゲートへと移動するための手段であるともいえるだろう。

他方、V・カウフマンは、そうした「自動車でのヒトの移動の影響」という点において、パットナムと異なる結論を提示する。すなわち、ヨーロッパにおいては、自動車利用によって、新しいクラブへの参加やローカルな組織の形成が促されるという（Kaufmann 2002: 24）。これはいわば、コミュニティへの良い影響という肯定的な側面から、ヒトの移動を評価する視点であるといえる。

なぜこのような評価の違いが生じるのか。「コミュニティ」や「社会関係資本」の概念規定によるところはあるとしても、ここで注目したいことは、モビリティと空間の位置づけである。すなわち、場所を分断し、排除を促す空間を生みだしてしまうような移動ではなく、逸脱に繋がる移動でもない、包摂とセキュリティを可能とする移動の評価の視点である。カウフマンによれば、ヒトの移動の手段がもつ影響について議論・評価する場合、ヒトの移動が、移動する諸個人に対して「選択の可能性」をどの程度広げ得るのかという観点を踏まえる必要がある（Kaufmann 2002: 23）。

自動車によるヒトの移動は、移動するヒトにどのような選択可能性（自由と不自由）を与え、それを増大あるいは減少させているのか。このことについての分析と評価を行う事で、自動車移動におけるどのような特徴が、コミュニティにいかなる影響をあたえるのかを論じることができる。そこで、カウフマンが導入する概念が「モーティリティ」である。

## 四　セキュリティの空間を場所化する

### （一）再場所化を可能とするモーティリティ

第二節、第三節において論じてきた安全安心に関する状況について、コミュニタリアンの議論を参照し、モーティリティの観点から新たな解決の糸口をみつけたい。まず地域における自主防犯についていえば、警察や国家権力をコントロールするため（エッィオーニ 二〇〇五：四七）、あるいは「異なる要素の重視」（ケリング&コールズ 二〇〇四：一七九）という条件のもと、コミュニティによる自警団は肯定される。しかし、既に論じたように、日本の場合はその方向性をとることは難しい。日本においてみられる「安全安心まちづくり」の多様さは、地域性や場所性にもとづくというよりもいわば「準備された多様性」であり、そこで適用される防犯の技術そのものが相対化される契機をもたないからである（菱山二〇一三a）。さらにコミュニタリアンは、ゲーテッド・コミュニティの排他性、プライバタイゼーションに警鐘を鳴らしてきた（バウマン二〇〇八、サンデル一九九九）。しかしその具体的な解決策は見いだせないでいるといえよう。

自主防犯活動とゲーテッド・コミュニティの両者に相通じる解決策として、ここで提示したいことは、より多くのひとのモーティリティを可能とする契機を、地域セキュリティをとおして地域に埋め込むということである。カウフマンの整理によれば、モーティリティは、モビリティへのアクセス、モビリティを利用するための能力（知識）、モビリティの手段の相応しさについての評価からなる（Kaufmann, Bergman, and Joye 2004: 750; Kaufmann and Widmer 2006: 113）。地域セキュリティによる空間の再場所化においては、これらの特徴がいかに確保されるのかという観点が必要となろう。

本節では、第一に、地域防犯活動において、歩くことによって自動車がもつモーティリティを相対化し、新たな地域セキュリティを導こうとする事例、(4) 第二に、バリ島におけるゲーテッド・コミュニティにおいて、空間を分断し排除を生むゲートではなく、モーティリティを確保する「幅のある流動的ゲート空間」によるセキュリティ構築の事例をとりあげる。(5)

## （二）地域防犯活動の再場所化

防犯NPOの活動の基盤となる鹿児島市吉野地区は、中心市街地から北へ約八キロに位置する住宅街である。地区の西部を通り九州縦貫自動車道へとつながる主要道路は、市街地と鹿児島空港を結ぶ高速バスのルートであり、朝晩は鹿児島市の中心市街地への通勤自動車により混雑する（国土交通省 二〇一二）。一九七〇年代後半の最寄りインターチェンジ開通後、一九九五年の九州縦貫自動車道全線開通を経て交通量は増加し、その間、一九八七年には平成四年から平成二七年度までの大規模な土地区画整理事業が決定され、吉野地区は自動車移動に便利な市中心部最寄りの住宅地区として発展が方向付けられた。一九九五年以降二〇一〇年まで、人口では二七、八一七人から三一、八二〇人へ、世帯では一〇、〇五五世帯から一三、二五九世帯へと増加してきた（鹿児島市 一九九五―二〇一〇）。年代別に見ると、高齢化の傾向がみられるが、一〇歳未満と三〇歳代においても一貫して増加しており、子育て世代の居住地となっていることがわかる（鹿児島市 一九九五―二〇一〇）。

新しい開発の進展の一方で、道路を少し入ると、「タクシーでも出られなくなる」といわれるほど道が入り組んでおり、道幅は狭く、高低差が激しい地点もある。それでも、自動車は路地を走りまわり、歩行者の危険にもつながっている。吉野地区における住宅地・自動車社会としての特徴は、犯罪の特徴にも現れている。吉野地区交番の報告によれば、鹿児島市全体での犯罪発生率は低下傾向にあるなか、吉野地区では空き巣狙いと車上狙いが増加していた。

ここに防犯NPO〈おげんきかい〉が二〇〇五年四月に立ち上がった。中心人物であるN氏は各種の防犯・青少年育成ボランティアへの関わりから、より広域かつ多様な分野における安全安心の必要性を感じていた。しかし、「地域に鍵をしてしまっては安心安全じゃない。心をひらける場所が必要」（インタビューのママ）との考えから、防犯に特化するのではなく、より広い分野の活動を担うまちづくりNPO法人の立ち上げを行い理事長となるとともに、その後、防犯NPOを結成し、まちづくりNPOが事務局となりサポートすることとした。

まちづくりNPOの活動は多岐にわたる。宅配弁当・ランチの提供とフリースペースの運営、こども達と吉野地区を歩き体験する「地域塾」、高齢者や子育て在宅支援と訪問給食配達、未就学児を持つ母親の仲間づくり・学び合い・預け合いを目的とした「マミークラブ」、鹿児島市の三大民話のひとつで吉野地区が舞台となっている民話を元にした「吉野兵六ゆめまつり」、物語の舞台となった場所を巡り歩くウォークラリー、鹿児島の三大詣りに数えられる吉野地区の参道ルート巡りからなる「心岳寺詣り」等である。

防犯NPOの活動として、N氏は歩くパトロールにこだわりをもった。それは、吉野地区が自動車社会化しており、自動車に乗っている限り地域が見えなくなってしまうこと、挨拶が難しくなってしまうことに対して、歩くこと、歩いている姿をみせることで、多様な世代と地域をつなぎたいという考えによるものであった。それはN氏にとって、地域をみなおし、つなぎ、心を開くことができる場所づくりの一環であり、防犯活動であっても、まちづくりNPOにおいて地域を歩き、伝統や文化に触れることと異なるものではなかった。歩くことへのこだわりは、青色回転灯をつけたパトロールのための自動車(青パト)を導入しようとした町内会長に対して「青パトは持たないでくださいと懇願した」というほどであった。(6) また、パトロールとして歩く人数も、大人数でたまに歩くよりも、少ない人数でも毎日歩いている人がいたほうが良いという考えから、二人一組の班をつくり、様々な時間帯において歩いてもらうこととなった。

ここではどのようなセキュリティが担保され、再場所化されているのか。それは、危険を伴い、地域から離脱し、世代を分断する自動車によるモビリティへの反省(オートモビリティの相応しさについての評価)と、歩くというモビリティについての肯定的な評価から地域をとらえなおし、住民どうし、さまざまな活動、歴史をつなげていきたいという考えによるものであった。歩くことにより生じるモーティリティが、「安全安心まちづくり」の道具的側面を相対化し、地域にお

ける重層的な移動の風景に節合される地域セキュリティを導いているといえよう。(7)

### (三) ゲーテッド・コミュニティを再場所化する

**①場所としてのゲート——バリ島の伝統的門戸**　バリ島において「境界」を形成するゲートや壁は、特に伝統的な家屋敷の構成において独特の意味世界をもってきた。(8) 家屋敷の出入り口としての門は、パムスアン（pamesuan）あるいはプムダラン（pemedalan）と呼ばれる。このバリ語は、「外の場所への理解をもっていること」を意味し、単に出入り口というだけのものではない。後で述べるように、門とその外側の空間が、一種の公共空間を形成していることを意味する。

道路から門へは数段の階段をのぼり、また住居の敷地内へは数段の階段を下りるように、門はやや高い位置に設置される。門の開口の大きさは、主人が両腕を組んだ際の身体の幅ほど、同様に腕を上方にのばした指先の高さほどであり、比較的狭くつくられる。これらは、出入りする人に注意を喚起し、秩序と敬虔さを保つように促すための仕掛けである。

門を入ってすぐには、目の前を遮るようにアリン・アリン（aling-aling）と呼ばれる遮蔽壁が立てられ、左右方向の階段で敷地に下りることになる。アリン・アリンは、門そのものとともに、訪問客や外部からの様々な影響の流れ（arus）をゆるめ、訓化する機能をもつ。居住区画を取り囲む壁の外側には、テラジャカン（telajakan）と呼ばれる花壇がとられ、そのさらに外側に公共の水路、そして道路となる。

テラジャカンには観葉植物や、宗教的祭礼時に用いられるプルメリア、チュンパカといった植物が植えられる。門の前には何も無いスペースがとられ、ここは、住人が家禽に日光浴をさせたり、隣人と会話をする場所となる。このスペースは一般的な利用にも供され、かつてであれば馬や馬車といった公共の交通手段がとめられる場所、朝夕に行商人が荷物を下ろして商売をする場所とされた。そこは、「社会の相互作用や活動を調整する場所」（Dwijendra 2008: 87）であった。

以上のように、バリ島の伝統的住居における門は、敷地の内側から道路の側までに張り出し、その間に幅のある空間をもつものであった。同時に、そうしたいわば中間的な空間は、排除を生むというよりは、むしろ多くの利用に開かれたものであり、一種の公共空間であったといえよう。門によって形成される安全安心は、身体的・伝統的・宗教的意味世界から生じる物語を濃密に宿すこと、さらに門自体のなかに公共空間を内包することによって生じていたといえるだろう。

**②近代的空間に取り込まれるゲート**　しかしながら、上述したような一連の意味と役割をもった場所としての「門」は、今日、大きく変容している。モータリゼーションの進展に伴い、門は自動

車の出入りできる幅と高さに拡げられ、アリン・アリンや階段も取り払われている。そこには頑丈な鋼鉄製のゲートが設置される。西洋化された戸建て住宅の広まりとともに住居用の敷地面積を拡げるため、テラジャカンも取り払われ、敷地をめぐる壁は水路のすぐ脇から立ち上げられる。水路は、水質汚染による悪臭を避けるため、歩道への転用のために暗渠となっている。このことで、水路にゴミが詰まりやすくなり、溢れた水は、かつてあったテラジャカンの緑地に吸収されることもなく、道路へと流れ出すことになる。

洪水は、農地の急激な宅地転用、集水域での違法建築、ゴミの不法投棄といった問題とも関連する。温暖化がもたらす天候不順、水質汚染や洪水といった要因によって持続的な耕作を不可能にするような環境変化が生じている。グローバル化、都市化は、近隣住民組織の衰退も加速させ、それまでの伝統的な慣習維持を難しくさせている。そこにグローバル・ツーリズムに関連した人口増を利益に転化しようとするディベロッパーによる開発の増加が重なり、耕作放棄地が買いたたかれるかたちでの農地の宅地への転換が生じているとみることができる。ここでその様態は、郊外の大規模開発というよりは、高密度少数分譲区画の増加であり、比較的小規模の虫食い状の開発である（以上、デンパサールの都市問題については菱山 二〇一二を参照）。

不安定な社会状況とともに二度の爆弾テロも相俟って、地域の安全への関心、伝統や慣習の強化の機運が高まっている。バリ島のゲーテッド・コミュニティへの需要は、社会的不安からの逃避、高まるナショナリズムと文化的対立からの逃避、伝統や慣習の逸脱に対する制裁措置からの逃避といった動機によっても促進されている。そのため、様々な特徴が混在し、必ずしも一様に米国の特徴との共通性をもつわけではない。ある不動産業経営者（バリ島出身）は、爆弾テロをうけて伝統や慣習の規律を強めようとするクタ地区を忌避し、州都デンパサール中心部の数十件規模のゲーテッド・コミュニティに転居して、区画内のインフラを整備・改修しながら生活している。他方で、ある観光ホテルの労働者（ジャワ島出身）は、デンパサール中心部の環境や治安の悪化を避け、各家の子どもどうしが安心して遊ぶことができる場所として、周辺部に位置する比較的安価な大規模ゲーテッド・コミュニティに移り住んだ。日本人長期滞在者のなかには、退職後、海浜観光地区に近い十数件規模のゲーテッド・コミュニティのプール付きヴィラを借り、第二の人生を楽しむ人びともいる。形式だけをみても、内部に元地主の伝統家屋や家畜小屋を残すもの、ゲートだけに頼らず、周辺地域社会の自警団を招き入れて多様な警備体制をとるものなど様々である。

次に、これらの事例のなかから、デンパサール市のインナーシティに立地する小規模住宅地を事例として、セキュリティの多層化を通じた、ゲート空間の再場所化について論じたい。

### ③再場所化するゲート空間

〈ＰＡＧ〉（仮称）は、デンパサール市中心部周辺地区に、二〇〇七年に完成した分譲住宅地である。デンパサール市中心を東西につらぬくガジャ・マダ通りを西に進み、交通量の多い通りから自動車一台が通れるほどの細い路地を南へと入ると、小路の中間地点あたりに、小路に面してゲートとガードマンの詰め所をもったＰＡＧの入り口があらわれる。周辺には、乗り合いバスターミナル、デンパサールでも有数の巨大生鮮食品市場、伝統工芸品市場等がひしめいている。ＰＡＧのゲートは、中心にガードマン一人分の詰め所をはさみ、左右におよそ四・五ｍの道幅で入り口と出口が設置されているという構成となる。ゲートを入り右に曲がると、直線の袋小路まで、左右あわせて三六軒の戸建て住宅がならぶ。

もともと、ＰＡＧにはゲートはなくガードマンも存在しなかったが、二〇〇八年末、それらが設置される契機となる問題が生じた。それは、深夜のＰＡＧ区内をバイクで暴走する若者集団の出現であった。これに対して、地区リーダーのＢ氏が最初に行ったことは、警察に連絡して取り締まりを強化してもらうことではなく、また、ディベロッパーを通して専門のガードマンを配置するというものでもなかった。Ｂ氏は、近隣地区のなかで周辺のギャング集団に詳しいとされるガードマンを探してもらい、雇用し、同時に、ゲートを設置してそのガードマンに管理させることとした。これを機に、暴走集団は現れなくなった。

雇用されたガードマンは、その直後から、PAGが位置する小路の出入口傍、大通りに面して建つバイク部品等の中古市場のガードマンを兼任するようになった。PAGのゲートに滞在していないときは、中古市場からPAGへの路地の出入りを確認し、市場の店員や客との会話のなかで周辺の治安の状況を把握するようになった。休憩時間には、PAGのゲートに戻り、近隣の人びとども会話をするようになった。

ガードマンが設置される以前、地区と道路の境界は、あくまで、ゲート内住民が自動車で行き来し、通り過ぎる一地点でしかなかった。しかし、ガードマンが滞在し、歩き、話すこと、さらにガードマンが時に自分の子どもと一緒にいることで、ゲート内外のスペースは、ゲート内住民のみならずゲート外近隣住区の子ども達の遊び場ともなった。ガードマンは、点としてPAGのゲートにおいてのみ監視の目を光らせるのではなく、よりいっそう流動的な場所に身をおくことによって、住民と都市環境とを媒介する役割を担った。同時に、ゲートと市場を行き来することによって、近隣とPAGの環境とをとりもつことにもなった。いわば、PAGのゲートは大通りの市場にまで延長されつつ、一定の交流の空間として位置づけなおされたといえよう。

B氏はさらに、セキュリティをガードマンのみに一任するのではなく、住民の不安に応えるかたちで、近隣住民組織による防犯パトロールの巡回地点として、PAGが含まれるよう交渉を行った。同時に、自らの人脈を用いて、警察による巡回地点のひとつに加えてもらうよう取りはからった。B氏は、いわばセキュリティの多層性にPAGの安全を見いだした。このことはまた、非移動による排他的空間の形成により不確実性を排除するのではなく、パトロールという移動を伴ったセキュリティによって、不確実性に対応しようとする試みであるともいえよう。

PAGは結果的にゲーテッド・コミュニティへと転換が図られたものの、多層的なセキュリティが確保されることとなった。ガードマンの行き来によるモーティリティは、いわば交流を促す幅のあるゲート空間を導いた。こうした状況は、外部からの不安定要素の流入に対して、それらを完全に遮断し排除しようとするのではなく、ゲートから市場までの幅をもった緩衝地帯として、バリ島の伝統的家屋敷に据えられた門にも似たゲート空間が見いだされることで、むしろ流動的であったり多層的であったりする性質をあわせもつしくみへと至った。

## 五　おわりに

本章は、モビリティの増大による治安の悪化という前提と、そのもとに境界が再形成される現状に焦点をあて、具体的なセキュリティの形態として「安全安心まちづくり」とゲーテッド・コミュニティをとりあげた。その後、モビリティの増大という社会状況についての議論から派生しながらも、移動の可能性という点から論じられている「モーティリティ」に着目し、セキュリティの再場所化の可能性を明らかにしてきた。換言すれば、本章の試みは、境界づけられようとするセキュリティの空間をこえ、より広い包摂を可能とするセキュリティの場所の可能性を探求しようとするものであった。そのような関心のもと本章第四節において扱った二つの事例は、セキュリティを志向しながらも、単一の境界形成を基盤としたセキュリティの空間に収斂するものではなかった。むしろ多層的な移動可能性によって再場所化が図られ、場所との新たな関わりを可能とするようなセキュリティが表出するという特徴をもつものであった。

最後に、以上のような、場所、モビリティ、セキュリティの新たな関係性が、時間軸・空間軸においてより長大・広大な移動である移民（長期滞在）に対してもつ示唆について触れておきたい。近代のプロジェクトにおいて、より速くより遠くへと移動しようとする技術が空間を征服するなかで、移動の不可能性・強制的移動をともなう社会的移動と不平等が不可避に生じるような社会体制がとられるようになった。国境をこえる移動については、パスポートによる管理・追跡可能性が発展し、移動を構造化しようとする試みが発展した。移民全体の傾向においてもまた、一定程度構造化された移動がみられるようになった。それは、南から北へ、途上国から先進国へ、農村から都市へ、賃労働と社会的上昇移動を目的とした移動として生じた。

現在、このような移動の方向にしばしば逆行し、先進国から途上国へ、社会的上昇よりもライフスタイルという個人化された多様な価値を求め、ツーリストと移民の間を行き来しながら長期滞在するような新たな移動に携わる人びとが増加している。それらの人びとは、現地の社会問題や自然環境問題の解決に関わるなど積極的な活動をみせているが、同時に、ゲーテッド・コミュニティでの生活が選択されもする（菱山二〇一三b）。この二つの振る舞いは、一方で社会への積極的な関わり、他方で社会からの離脱という点で対極的な行動のようにみえる。しかしながら、自らのライフスタイルの価値を堅持し、社会と自己との距離を調整するためのセキュリティの様態であるという点において共通するものである。ここで再び、セキュリティの再場所化と多層性の問題に行き着く。

このように、場所・モビリティ・セキュリティという観点は、より広域の問題系に対するアプローチとしての可能性をもつ。そこでは、セキュリティの空間と場所のせめぎ合いにおける、モビリティの新たな位置づけがなおいっそう求められよう。その際、多様な移動のなかで描かれ得る再場所化されたセキュリティ（地域セキュリティ）は、ルーティン・アクティビティ論や割れ窓理論に即して、様々な移動から生じる危険性を排除するための空間と技術を追い求めるのか、あるいは、移動可能性をとおして場所と関わり、地域の多層性を節合し、包摂を可能とし得るのかという観点が、具体的な問題設定のひとつとなるだろう。

**註**

（1）「モーティリティ」については本章三（三）および四（一）を参照。

（2）米国の通勤移動は、二〇〇九年でみた場合、一日の種々の移動において一五%を占めるにすぎない（以下、Istrate et al. 2010: 145-6）。しかしながら、それはビジネスと労働市場のつながりを示すうえで地域経済の「血液」であるとされる。同様に、通勤移動の重要性は、その量や割合から見積もられるというよりも、運輸システムに及ぼす影響力にある。また、通勤はその他の移動に比して、頻度、出発と到着の時間がほぼ固定されており、移動のピーク需要のパターンを決定づけるものでもある。

（3）米国の世帯に占める構成員の数は、一九六九年の三・一六人から一貫して減少し、二〇〇九年には過去最低の二・五〇人となった。他方で、世帯が所有する車の数は、一九六九年の一・一六台から増え続け、二〇〇一年で過去最高の一・八九台、二〇〇九年ではやや減少するものの、一・八六台と高い水準にある。

（4）以下にみる鹿児島市の事例について、よりマクロな制度的布置構成、地域防犯の通時的比較、仙台市の事例との比較から位置づけたものとして菱山（二〇一三a）を参照。

（5）以下にみるバリ島の事例について、米国やジャカルタ等のゲーテッド・コミュニティの先行研究、バリ島のその他のゲーテッド・コミュニティとの比較から位置づけたものとして、菱山（二〇一二）を参照。

（6）その後、町内会による見回りと区別する必要があると考えた町内会からの呼びかけとともに、警察や市からのサポートも必要であるとの会員からの提案をうけ、青パトの配備が進められ、二〇〇九年には一一台を備えるまでとなった。もっともN氏は、青パトを中心には据えたくないとし、むしろ「自動車では見えないものがあることを意識する機会としてほしい」と位置づけている。

（7）筆者は、コミュニティ・ポリシングはコミュニティ形成に資する（Glaser and Denhardt 2010, Chaskin 2003）という従来の議論を発展させ、社会変革や創造性のハブとしての「歩きやすさ walkability」についての研究（Knudsen and Clark 2013）、イノヴェーション研究の枠組をコミュニティ・ポリシングに応用する研究（Morabito 2010）の両者からなる融合領域において、地域セキュリティにおけるモビリティの創造性についての研究を展開予定である。

（8）以下、門と住居に関してはスティア（二〇〇七：第三章）および Dwijendra (2008) を参照。

## 参考文献


Chaskin, R. J. (2001) "Building Community Capacity: A Definitional Framework and Case Studies from a Comprehensive Community Initiative", *Urban Affairs Review*, vol. 36, pp. 291-323.

Cohen, E. Lawrence and Marcus Felson (1979) 'Social Change and Crime Rate Trends: A Routine Activity Approach', *American Sociological Review*, vol. 44(4), pp. 588-608.

Dwijendra, Ngakan Ketut Acwin (2008) *Aristektur Rumah Tradisional Bali: Berdasarkan Asta Kosala-kosali*〔バリの伝統家屋の構

造──アスタ・コサラ・コサリを基本として〕, Denpasar: Udayana University Press.
Federal Highway Administration (2010) *National Household Travel Survey 2009: Summary of Travel Trends*, U.S. Department of Transportation.
Glaser, Mark A. and Janet Denhardt (2010) "Community Policing and Community Building: A Case Study of Officer Perceptions", *The American Review of Public Administration*, vol. 40(3), pp. 309-325.
Istrate, Emilia, Robert Puentes, and Adie Tomer (2010) 'IX. Commuting', Metropolitan Policy Program, *State of Metropolitan America: On the Front Lines of Demographic Transformation*, Washington D.C.: Brookings Institution Press, pp. 144-155.
Kaufmann, Vincent (2002) *Re-Thinking Mobility: Contemporary Sociology*, Farnham: Ashgate.
———, Manfred Max Bergman, and Dominique Joye (2004) "Motility: Mobility as Capital", *International Journal of Urban and Regional Research*, vol. 28(4), pp. 745-756.
——— and Eric D. Widmer (2006) "Motility and Family Dynamics: Current Issues and Research Agendas", *Zeitschrift für Familienforschung*, vol. 18, pp. 111-129.Pisarski, Alan E. (2006) *Commuting in America III: The Third National Report on Commuting Patterns and Trends*, Washington D.C.: Transportation Research Board.
Knudsen, Brian B. and Terry N. Clark (2013) "Walk and Be Moved: How Walking Builds Social Movements", *Urban Affairs Review*, vol. 49(5), pp. 627-651.
Morabito, Melissa Schaefer (2010) "Understanding Community Policing as an Innovation: Patterns of Adoption", *Crime & Delinquency*, vol. 56(4), pp. 564-587.
Vesselinov, Elena (2008) 'Members Only: Gated Communities and Residential Segregation in the Metropolitan United States', *Sociological Forum*, vol. 23(3), pp. 536-555.

エツィオーニ、A（二〇〇五）『ネクスト——善き社会への道』小林正弥監訳、麗澤大学出版会（Amitai Etzione, *Next: The Road to the Good Society*, Cambridge: Basic Books, 2001）

河合幹雄（二〇〇四）『安全神話崩壊のパラドックス——治安の法社会学』岩波書店。

警察庁（一九九二）『平成4年版　警察白書』。

ケリング、G・L／C・M・コールズ（二〇〇四）『割れ窓理論による犯罪防止——コミュニティの安全をどう確保するか』小宮信夫監訳、文化書房博文社（George L. Kelling, Catherine M. Coles, *Fixing Broken Windows: Restoring Order and Reducing Crime in Our Communities*, New York: Martin Kessler Books, 1996）

国土交通省（二〇〇七）『都市における人の動き——平成17年全国都市交通特性調査集計結果から』。

——（二〇一〇）『自動車輸送統計　自動車燃料消費量統計年報』第四八巻一三号。

——（二〇一一）『平成22年度　道路交通センサス』。

小宮信夫（二〇〇七）「安全な街は、犯罪機会のない街」『地域の防犯——犯罪に強い社会をつくるために』北大路書房、二八—四五頁。

サンデル、M・J（一九九九）「公共哲学を求めて——満たされざる民主主義」中野剛充訳、『思想』第九〇四号、三四—七二頁（Michael J. Sandel, 'In Search of a Public Philosophy', *Democracy's Discontent: America in Search of a Public Philosophy*, Cambridge, MA: Harvard University Press, 1996）

徐鳳教・鈴木勉・樋野公宏（二〇〇六）「東京区部における主要な窃盗犯罪の地理的分布とその県境的要因」『地域安全学会論文集』第八巻、七九—八二頁。

スティア、プトゥ（二〇〇七）『プトゥ・スティアのバリ案内〔増補新版〕』鏡味治也・中村潔訳、木犀社（Putu Setia, *Menggugat Bali: Menelusuri Perjalanan Budaya*, Jakarta: Grafitipers, 1986）

中小企業庁（二〇〇六）『中小企業白書』。

バウマン、Z（二〇〇八）『リキッド・ライフ――現代における生の諸相』長谷川啓介訳、大月書店（Z. Bauman, *Liquid Life*, London: Polity Press, 2005）

パットナム、R・D（二〇〇六）『孤独なボウリング――米国コミュニティの崩壊と再生』柴内康文訳、柏書房（Robert D. Putnam, *Bowling Alone: The Collapse and Revival of American Community*, New York: Simon & Schuster, 2000）

菱山宏輔（二〇一二）「ゲートを超えるバリ島のゲーテッド・コミュニティ」大西仁・吉原直樹監修、李善姫・中村文子・菱山宏輔編著『移動の時代を生きる――人・権力・コミュニティ』東信堂、二〇九―二四七頁。

――（二〇一三a）「安全・安心コミュニティの転換――防犯をめぐるセキュリティの技術・主体像と管理される環境」吉原直樹編著『安全・安心コミュニティの存立基盤』御茶の水書房、九三―一三三頁。

――（二〇一三b）「移動とリスク・セキュリティの多層的風景」吉原和男編者代表、蘭信三・伊豫谷登士翁・塩原良和・関根政美・山下晋司・吉原直樹編『人の移動事典――日本からアジアへ・アジアから日本へ』丸善出版、三四六―三四七頁。

水野恵司・元村直靖・廣瀬隆一（二〇〇九）「子どもの交通事故・犯罪被害発生分布と土地利用との関係」『大阪教育大学紀要』第五八巻一号、一八七―二〇〇頁。

守山正（二〇〇三）「犯罪予防の現代的意義――環境犯罪学の展開」『犯罪と非行』、一三五頁。

# 第Ⅱ部　ゆらぐ都市的世界

# 第五章　ポスト福祉国家・シティズンシップ・参加

石沢真貴

## 一　はじめに

一九八〇年代後半以降、冷戦構造に代表される世界秩序が変容し多極化・流動化するなかで、ふたたびシティズンシップ[1]をめぐる議論が広がりをみせている。一九八〇年代後半から一九九〇年代初頭にグローバル化に関する研究への関心が高まるなか、シティズンシップ論は「グローバル化の理論化をめぐり発展した議論の行き着いた先の一つ」（岩永二〇〇五：二二四）と評されるように、今日のグローバル社会における理論的概念、テーマとしてとりあげられるようになっている。またターナーは、シティズンシップ問題が「医療ケアシステム、教育制度そして福祉国家へのアクセスに関した実践的な政治的諸問題のみならず、社会的統制と社会的連帯意識の条件に関する社会学の伝統的理論の討議においても中心的な問題として再浮上してきてい」て、制度としてのシティズンシップは「社会的コミュニティの本質である」としている（Turner 1990: 189）。グローバル社会におけるコミュニティの問題を考察するうえでも、シティズンシップは議論の要となる概念といってよいだろう。

シティズンシップの議論はそれを対象とする研究領域や問題設定、アプローチのしかたが多岐にわたりかつ複雑であり、すべての議論を網羅的に整理し論じることは本章の目的ではない。本章においては、特にグローバル社会におけるコミュニティ研究としてのシティズンシップ論に照準しつつ、ポスト福祉国家、福祉社会のありように関して論じることを課題とする。ナショナルな枠組みで語られてきたシティズンシップの諸権利が、グローバル化のなかでいかなる課題を抱えどのような転回をみせているのか、それは都市コミュニティにおける福祉諸問題とどのように関連するのか。ここではとくに近代社会システムとしての福祉国家体制と連動して確立してきたとされる社会的シティズンシップに注目し、ポストナショナルな議論における課題と再考の方向性を示すことにする。

## 二　ナショナルからポストナショナルへ

### （一）ナショナルなシティズンシップ論と国家の揺らぎ

戦後の社会学及び社会政策におけるシティズンシップ論の先駆者とされるマーシャルは、シティズンシップを「ある共同体（コミュニティ）の完全な成員である人びとに与えられた地位」であるとし、「この地位をもっているすべての人びとは、その地位に付与された権利と義務において平等である」としている（Marshall 1963: 87）。そして「市民的権利（身体の自由、言論、思想、信教の自由など）」、「政治的権利（政治的権力の行使への参加の権利）」、「社会的権利（教育制度や社会的サービスに結びついている、最低限の経済的福祉と安全への権利から社会的遺産を十分に共有する権利や社会の支配的基準に見合った文化的な生活を営む権利）」という三要素のセットとして捉え、それぞれ一八世紀、一九世紀、二〇世紀に、独自の原理に基づき異なる速度で展開してきたとする（Ibid.: 73-74）。

このシティズンシップ論は、マーシャルの議論だけでなくそれに対する批判的議論を含め、国家の枠組みを前提とした議論を超えることなく、あるコミュニティにおける平等性を重視した形式的シティズンシップの議論に終始してきたと論じられてきた。そして国家内の平等性を根拠にした権利や義務の拡大、あるいはその縮小が議論の中心となっており、今日における文化的差異をふまえた参加の議論といった、シティズンシップにおける実質的、能動的な側面の議論を十分展開してこなかったとされている。

ところで、グローバル化をはじめとした近年の社会変動は、こうしたナショナル・シティズンシップ論にいかなる影響をもたらしたのだろうか。そこでナショナルからポスト・ナショナルなシティズンシップ論への展開をみるために、まずは一九八〇年代後半以降の社会変動を概観しておくことにする。

国家のあり方そのものに対する変化を引き起こしたものとして、資本主義と社会主義あるいは自由主義と社会主義の対立として描かれてきた冷戦構造の崩壊があげられる。よくも悪しくも世界秩序を維持してきたとされるこの東西イデオロギー対決の消失は、アメリカン・イデオロギーと称されるような個人的自由、市場原理主義、民主主義、人権思想のグローバル化をもたらした。一九八九年、ベルリンの壁の崩壊に象徴されるように東欧・旧ソ連など社会主義国家が解体し、統一ドイツの誕生、旧ドイツ東側の民主化、自由化が進んだ。その一方で、旧ソ連各共和国内・間の民族紛争が激化することにより難民問題が生じた。この東側から西側への移民労働者、難民の大量流入という現象は、それ自体、グローバル化を端的に表す国際労働力移動が生じたことを意味した。

一方で、オイルショックとともに始まった一九七〇年代後半からの経済停滞を受けて、経済成長による豊かさを前提として築かれてきた福祉国家体制の危機論がかたちを変えながら論じられるようになった。さらに、一九九三年に発足したEUは、通貨統合をはじめ、共通外交(政治的統合)、安全保障(軍事)、司法・内務協力等のナショナルな枠組みを超えた政治経済的なシステムの可能性を追及するようになった。

### (二) ポストナショナルなシティズンシップ論へ

ナショナルな枠組みの相対化は、従来の国家を所与のものとしてきた社会科学の理論的パラダイムにも大きな動揺をもたらし、社会理論に再考を迫ることとなった。グローバル化を端的に表す移民労働者の増加によって、一方でそうした移民の排斥運動や暴動にみられるナショナリズムの激化とともに、他方で属性による差別問題への関心が高まり、社会学においてレイシズムに対するエスニシティの議論、また同様にセクシズムに対するジェンダー研究、エイジズムに対するエイジング研究等が展開された。それとともに、国家の相対化の上に近代の再考を促すポスト・

コロニアリズムやフェミニズム、カルチュラル・スタディーズ等も注目されるようになった。

また国家レベルでの社会変化と時を重ねるように、アイデンティティなどの文化的諸問題にかかわる社会変化も生じてきた。国民国家を前提とした社会構造および社会理論が再考を迫られるに至った背景には、多文化主義、相違への権利、普遍的な人権といった思想への関心の高まりがある。こうした思想的な変化として、たとえばソイザルは、普遍的な人権と、国民以外の存在に対して排他性をもつシティズンシップとのパラドキシカルな関係を指摘し、このナショナル・シティズンシップの限界と普遍的人権の優位性を強調している[2]（Soysal 1994）。ターナーは、こうした思想を基盤にして、シティズンシップの拡大に関心を寄せており、多様な国家におけるリベラリズムの多様な歴史と、現代におけるジェンダー、アボリジニ、移住者、多文化主義とディアスポラ、豊かで安定した国家における大量の難民・亡命者や移民のシティズンシップの諸問題、またホモセクシュアルの権利闘争やＡＩＤＳ被害者の社会的権利、国家や親による児童虐待に対する子どもたちの権利、女性によって選択される中絶の権利などを扱う新しいシティズンシップ概念の必要性を提起している（Turner 1986, 1993: 13）。

ナショナルなシティズンシップ論は、国内のシティズンシップの平等性を重視し、その平等性を形式的に拡大する主張をしてきた。しかし、グローバル時代におけるシティズンシップ研究の動向は、形式的な平等性を重視した権利・義務論、平等性の議論から、文化的差異を前提にし、その承認を求めるアイデンティティや参加の議論に移行してきている。そこで注目されてきたのが文化的シティズンシップである。たとえばターナーは、いわゆる環境や土着の文化的権利が議論されてきているとする（Turner 2001）。それは、同質ということではなく対等であるという意味においての平等性に加え、文化的な差異を承認することをも求めるものである（デランティ 二〇〇四：二五七）。グローバル化の進む今日、国境を越える移民労働者の急増や普遍的人権意識の高揚を背景にナショナル・シティズンシップ論の意義は失われ（Soysal 1994）、それに代わって上述のような文化的シティズンシップをはじめとしたポストナショナルなシティズンシップの議論が台頭してきている。

デランティは、こうした変化の理由として、第一にほとんどの市民的、社会的権利が出生ではなく居住により決定されていること、第二にシティズンシップと人権の区分が曖昧になってきており、マイノリティは人権に訴えることで権利を要求するようになっていること、第三に新しいテクノロジーの開発は、社会の性質と人格的個性（personhood）を変える力があるため、シティズンシップの意味自体を転換しうるということ、第四にフェミニズムの主張によるシティズンシッププの私的なものへの拡大がシティズンシップをアイデンティティの権利として議論する方向をつくりだしたこと、第五に平等から集団の差異への関心に置き換わってきており、集団的権利や文化的権利が台頭してきたことを挙げ、今日的なシティズンシップが文化の領域にかかわっていることを強調している（デランティ二〇〇四：iv―v）。

今日におけるシティズンシップの論点は、このように国家を超えたところに発生すると同時に、ローカルな場において具体的に発生する文化的差異と関連させた議論が重要になってきている。そしてこのことは同時に、福祉国家の成立と密接に関連する社会的シティズンシップの問題を浮き彫りにしている。

## 三　福祉国家危機論とシティズンシップ

### （一）政策的争点となったシティズンシップ概念

ポストナショナルなシティズンシップ論において焦点となってくるのは、社会的シティズンシップの在り方である。社会的シティズンシップは福祉国家体制の確立と連動して登場するナショナルな性格をもつためである。特に福祉国家や社会政策の研究において社会的シティズンシップが重要な議論の一つになっている（Glennerster 1983; Jordan 1987, 1989; Plant 1988; Alock 1989; Taylor 1989; Lister 1990; Finlayson 1990）。以下では、福祉国家に関してシティズンシップがどのように議論されてきているのか、福祉国家批判論の動向に沿って確認しておくことにする。

ヘルドは、シティズンシップに関する議論がマーシャル以後三〇年もの間停滞しており、特に社会学においては不毛でせいぜいエスニシティ問題くらいでしか議論されることはなかったと指摘している（Held 1989）。それが一転し、一九八〇年代の終わりに英国を中心にシティズンシップが再考されるようになった背景として、政治的局面においてニューライト／ネオ・リベラリズム（新自由主義）と位置づけられ、福祉国家の再編に切り込んだサッチャリズムに対する関心の高まりがあげられる。一九七九年に誕生したサッチャー政権下では、「福祉国家からの離脱」をかかげ、「自助」、「利潤」を指針にしたプログラムの質的転換がはかられた。このように福祉国家の危機論が議論されるなか、シティズンシップは、社会福祉政策の議論において政治的右派、左派両派の主張の根拠を示すための重要な概念として利用されるようになっていく（Held 1989）。

市場メカニズムを擁護するニューライト側は、シティズンシップが「市場関係を超えそれを修復する一連の諸権利を意味している」（Moor 1992）ために、国民のヴォランタリズム、多元的共存、自助を衰退させる原因となっていると批判する。つまり右派は権利に重きをおくシティズンシップの在り方を批判し義務を強調する。そこから「依存文化」と呼ばれる国民としての義務を果たさず福祉サービスに依存した生活者に対する批判も生じさせる (Bottomore 1992: 195)。一方、本来シティズンシップを擁護する立場の左派は、「社会的生産物が社会のすべての住民の快適で文化的な生活の実現のために配分されるべきことの強調」(Ibid.) が主張のベースになっており、中道左派は、民主主義プロセスへの参加権利としてのシティズンシップを強調する (lister 1990)。しかし、結局のところ、シティズンシップは完全な平等社会をもたらすことはないという点で左派からも批判されるようになる (Turner 1993: 15)。

こうした福祉国家に対する政策的論争としてのシティズンシップ論を経て、マーシャルのシティズンシップ論以後長らく活発な議論がなされなかった社会学の領域においても、ギデンズやターナー、キング、バーバレット、ホールとヘルド、アンドリューといった社会政治論者らによって批判的議論が展開されるようになっている (Giddens 1985; Turner 1986, 1990; King 1987; Barbalet 1988; Hall & Held 1989)。

一九八〇年代、グローバルな資本主義における構造的な再組織化によって、福祉国家体制に対する懸念が社会科学分野で高まりをみせると (Tuner 1990: 189)、それに対する新自由主義やマルクス主義からの福祉国家批判が生じた。だが、一九八〇年代後半にはフェミニズム、反レイシズムや反エイジングの視点からの批判が本格化し（伊藤 一九九六、Tuner 1990）、特に社会的シティズンシップへの批判というかたちをとるようになった。

## （二） 社会的シティズンシップに対する批判

**①社会的シティズンシップの歴史的展開**　元来社会的シティズンシップは、村落共同体（the village community）や町、職能団体（the guild）のメンバーシップであり、救貧法や賃金規制システムによって補完されていたが、経済的な変動によって徐々に衰退していった（Marshall 1963: 75）。補完システムのうち賃金規制システムが一八世紀に衰退し、残る救貧法が賃金体系の領域や自由市場に介入して社会保障の進展の兆しをみせていく。しかし、一九世紀の新救貧法への改正で国家介入の働きが弱まり、年齢や疾病によって生存競争を続けられない人々、慈善を請うような弱者に対してのみ救済を施すかたちになっていった。

英国の救貧法制度は一六世紀以来の歴史をもつが、一八三四年の新救貧法における「劣等処遇の原則」は、年齢や疾病によって生存競争を続けられない人々、慈善を請うような弱者ポーパー（pauper）に対してのみ救済を施す考え方であった。その場合、救済は市民である地位を放棄する代償として得られることを意味し、市民的自由、政治的権利すなわちシティズンシップが剥奪されることを意味した。そして経済的に自立しているかどうかが問われ、依存状態である者に対しては保護を受ける代わりに権利が剝奪されることになった。それは、救貧法による受給者である「ポーパー（pauper）」だけでなく、もともと「非市民」扱いだった経済的に依存状態である女性や子どもも同様で、自立していないため市民とみなされなかった。国家介入が後退することで、結果として社会的シティズンシップは、シティズンシップの要素から切り離されていった。しかし、資本主義社会の成熟に伴い人々の間の不平等が増大してくると、社会保障制度を内包する福祉国家体制の確立において社会的シティズンシップの拡張が求められるようになり、それが二〇世紀になって国家基盤を獲得した制度として再登場することになったのである（Marshall 1963: 81-86）。

**②福祉国家体制に制約された権利**　こうして福祉国家体制において確立する社会的シティズンシップは、福祉への依存状態や福祉による差別問題を引き起こす要因になる。福祉国家体制下では福祉政策を通した統制的機能が働き、国民は社会的サービスの受給権を得るかたちで国家に依存する構造がつくられる。政治的参加の主体としての市民像は希薄化し、市民の主体的、能動的な性格は後方に退くかたちになり受動的性格を帯びやすくなる。ともあれ、社会的シティズンシップが制度化されて福祉国家が確立していくなかで、シティズンシップに本来備わっている能動的な

側面の理念である参加や自己実現の権利は希薄化されていった（伊藤一九九六：一五〇―一五五、一八四―一八五）。結果的に社会的シティズンシップは、福祉国家の制度の枠組みに制約される諸権利というナショナルな性格を帯びることとなった。

グローバル化時代に入って、一九八〇年代以降顕著化してきた移民労働者の定住化によって、外国籍居住者のシティズンシップをめぐる問題が注目されるようになった。定住化が進むと実際の地域生活面で課題となってくるのは、雇用や医療、教育などの社会的経済的保障である。しかしこれらに関わる社会的シティズンシップは、各国家の社会保障制度によって国民に対して付与される排他的な諸権利であり、「トランスナショナルな福祉国家というものはいまのところ存在しない」（デランティ二〇〇四：一二二）。国民というメンバーシップの有無が社会保障に関する権利の条件であり、グローバル社会の現実との矛盾を生じさせることになる。そしてそれゆえ、グローバル時代のシティズンシップは社会的シティズンシップのありようをめぐって鋭く対立する論点を孕むことになる。

**③社会的弱者に対する不平等**　一般に、社会的シティズンシップとして位置づけられる社会保障サービスは、国家による分配政策や労働組合等の利害調整に左右されやすい。そのため、利害調整

団体へのアクセス手段を得にくい貧困者や失業者、人種的マイノリティといった社会的弱者は社会的不平等を被りやすくなる。

一九世紀のイギリスは、自由放任主義の夜警国家であり、市場経済の作用を信頼し、国家の干渉は最小限にとどめられていた。資本主義の発展は平等の権利としての市民的権利を拡げる一方で、所得格差などの経済的不平等をもたらしたが、このような矛盾した状態は、資本主義市場社会で自由な取引活動を行える者、教養(読み書き能力、得と才能)と財産をもつ成年男子のみを市民とし、貧困者や女性を排除しシティズンシップを与えない段階では大きなコンフリクトを生まなかった。マーシャルの議論でも、国家が社会保障によって介入することで市場原理によりもたらされる社会的不平等を緩和すると考えられたため、それ以上議論されることはなかった(デランティ 二〇〇四:三五—四二)。

また、社会福祉における生活保護のような救済措置によって、結果的に「非市民」が創出され、それがゴフマンのいう社会的に好ましくない差別、すなわち貧困であるがゆえに社会福祉サービスに依存せざるを得ない状況に対し貼り付けられるスティグマ創出の要因となる。福祉依存はシティズンシップ剥奪の問題と、それにより生じる社会的不平等—差別問題と結びつく要素ともなっている。

## ④コミュニティと社会的排除

伊豫谷は、「グローバルな相互の結びつきが強まるのとは対照的に、家族や共同体あるいはコミュニティといったローカルな空間は崩れてきており、農村社会の生存や相互扶助を支えてきた慣行は、市場経済の浸透によって急速に崩壊」してきており、「生活スタイルの均質化は人々を束ねる共通空間を創りだすのではなく、経済的グローバル化の進行と平行して、地域共同体の崩壊、家族の断絶、世代間の分裂、そして権威の失墜が起こっている」と主張している。そして、「社会階層的な断絶として、エリートたちが消費様式から思想までの共通した経験を、国境を越えて共有するのに対し、グローバル化の結びつきから取り残された地域、排除された人々が国境を越えて連帯するのは、反グローバリズムの運動をも含めて、きわめて困難」であるとしている（伊豫谷二〇〇二：一五）。またグローバル化がもたらすコミュニティの問題を端的に示す議論として、斉藤は「グローバル化は経済危機だけでなく、社会的なるものの衰退を招く」とし、社会的な統一性が崩壊、断片化することを指摘する（斉藤二〇〇三：三五）。

これらの議論は、グローバル化がコミュニティにおける人々の社会関係を崩壊させていることを指摘しているわけであるが、いわゆる社会的排除の状況を説明している。社会的排除の概念は、もともとは一九七四年、当時フランスの社会事業担当大臣であったルノワールによる「排除された人々」という論稿によって提示されたが、一九八〇年代後半以降のグローバル化やEU統合の流れのなかで急速に普及した概念である。そして若年層の失業増加や移民労働など、従来の国家による社会保障制度では対応しきれない集団の存在が顕著化するなかで、経済的貧困だけでなく、社会的文化的側面も含めた社会参加の機会や関係性からの分離・孤立状態を捉えようとするアプローチにおいて用いられている。特に特徴的なのは、社会的排除を社会諸活動への「参加」の欠如、つまり意思決定や意見の申し立てをする声やパワーをもてる社会的な「関係」の欠如として捉える点である（岩田二〇〇八：二二―二三）。

社会的排除は議論の文脈により多様な使われ方をするが、シティズンシップとの関係で説明すれば、シティズンシップを付与するコミュニティにおけるメンバーへの平等な権利からの排除問題として捉えられる（同前：三七）。社会的排除は、福祉国家制度からの排除やその制度自体から生じる。それは、たとえば、都市再開発政策により特定の集団をある空間から排除し特定の場に集めるというかたちで現れ、典型的には住宅政策においてゲットーやセグリゲーションを生み出している。

## 五　ポスト・ナショナルな議論における社会的シティズンシップの再考

### (一) 社会的シティズンシップと参加に関する議論

今日、グローバル社会におけるコミュニティの課題としてシティズンシップが議論されていることは冒頭において述べたとおりであるが、社会的排除からコミュニティに対する社会的包摂へと考えをめぐらせたとき、そこで鍵となるのはコミュニティへの参加をめぐる議論である。

まず伊藤周平は、「主として左派やフェビアン主義の論者から、シティズンシップ、特に社会的シティズンシップを単にサービスを要求し、受給する権利にとどまらず、個人の自律や自己実現、さらに、積極的な社会的、政治的参加を保障するための権利として位置づけようとする議論」が主張されているとし、たとえばプラント (Plant 1985)、ホールとヘルド (Hall and Held 1989)、パーカー (Parker 1975) をあげている[3] (伊藤 一九九六：一八三―一八六)。さらに、一九九〇年代以降のシティズンシップ論において関心が向けられたのは、「社会的シティズンシップを新たな観点から理論的に再構築し、福祉国家再編の道を模索しようとする議論」であるとし、特に「個人の自律や参加の権利をベースに、社会的シティズンシップ理念の再構築を試みる議論」をレイモンド・プラントに依拠しつつ論じている（伊藤二〇〇七：一一八）。しかし、これらの主張の意義を認めつつも、そこでは自己実現や政治参加における国家の積極的な役割が前提とされており、従来のシティズンシップの枠組みを越えるものではないとする。そして、ピアソンとプラントに依拠しながら福祉国家が個人の社会的シティズンシップを保障する最も有力な機構である以上、保障の範囲が広がることは、一方において国家権力の拡大をも意味するとしている（Pierson 1991: 202-203; Plant 1985: 24）。

いずれにせよ社会的シティズンシップは国家の枠組みに制約されるため、権利保障の拡大は福祉国家に依拠せざるをえない。ナショナルなシティズンシップからポストナショナルなシティズンシップへの議論が模索され始めている現在においても、こうした福祉国家体制下の社会的シティズンシップの限界は明確な形では克服されていない。むしろそうであるがゆえに、社会的シティズンシップはポストナショナルな状況下におけるシティズンシップのゆくえを左右する一つの分岐点ともなっているのである。詳細はさておき、参加の議論と結びついた能動的な社会的シティズンシップのあり方が、今後のシティズンシップ論の焦点となるだろう。

なお、伊藤は「市民権を成立させる基盤となる共同体社会は、村落や都市や農村などの地域社会でもありうるし、職業団体や労働組合などの職能団体でもありうる」とし、「歴史的に多様であると推測」している（伊藤一九九六：一六三）。このことはシティズンシップが場所、時代に応じてその内容や形態を変化させる可能性を示し、社会的シティズンシップは、国民国家を前提にする近代のシティズンシップ論を超えて、ポストナショナルなコンテクストの中で試論することも可能であることを示唆している。

## (二) 福祉国家と福祉社会

ここまで、ポストナショナルなシティズンシップの台頭とそれによって従来、福祉国家の受動的でナショナルな枠組において成立可能とされている社会的シティズンシップの、ポストナショナルな文脈における再考が必要であることを示してきた。つまり、ナショナルなシティズンシップ論では議論されてこなかった能動的な側面である参加の議論との関係で社会的シティズンシップを考察する必要があることを示唆した。

このことはいわゆる福祉社会論の展開と密接に関連している。ちなみに、福祉国家と福祉社会は矛盾するものではなく、市民社会のかたちである福祉社会を前提としてはじめて福祉国家が成立する、と論じたのはロブソン(Robson 1976)である。ロブソンが福祉国家と相互補完的であり、それなくしては福祉国家も成立しないとした福祉社会は、市民の任意で自発的な参加活動が行われている成熟した市民社会(コミュニティ)のことである。

考えてみれば、一九七〇年代以降、福祉国家が批判的に議論されるなかで、その反省から議論されるようになったのが福祉社会論である（武川 一九九六：二八）。武川正吾によれば、それは「社会政策における『権力と参加』問題に対するひとつの回答」（同前：三〇）である。福祉社会論は、意思決定への参加でこの問題を解決しようとする政治的参加論とは異なり、「社会参加によって、換言すれば、そもそも権力が発生しないような方法によって」（同前）解決を図ろうとするものである。以下、先の社会的シティズンシップの議論を踏まえた上で、具体的に地域コミュニティに焦点を据えながら、そこから浮かび上がる福祉社会の在り方を少しばかり検討してみよう。

## 六　ポスト福祉国家――福祉コミュニティにおける権力問題

### （一）参加型福祉社会

少子高齢化の急速な進行は、地方農山村地域だけでなく、都市空間においても広くみられるようになっている。そしていわゆる「都会の限界集落」などと表現されるように、小家族化、高齢化は都市空間において現実的でかつ深刻な生活問題を引き起こしている。家族に依存してきた福祉が公的介護保険制度を導入することで介護の社会化が図られてきたが、急速な高齢化により福祉サービス需要が予想を上回り社会保障費を増大させ、新たな制度的変革が迫られている。そして家族や社会保障制度といった従来福祉を支えてきた基盤が揺らぐなか、地域コミュニティに再度関心が向いている。

ここで、福祉多元主義に目を移してみよう。「福祉多元主義」とは、一九八〇年代以降に登場してくる、福祉国家を分権化と民営化への変容として捉える考え方であり、一般に先進諸国において類似する政策変容や展開がみられる（栃本 一九九六：七七）。

日本においては、一九八九年のゴールドプラン策定、一九九〇年の福祉関係八法改正、一九九二年の社会福祉事業法改正などを通して、国の補助金の引き下げに端を発した福祉改革が展開されてきた。その基本理念は、社会福祉における規制緩和、地方分権と民営化、多元的な福祉サービス供給システムの導入であり、この一つの集約点が公的介護保険制度である。この制度に基づいて、自治体による地域福祉計画策定と多様な組織による事業が実施されていくことになった。

一九九三年四月に厚生省が示した「国民の社会福祉に関する活動への参加の促進を図るための措置に関する基本的な指針」および中央社会福祉審議会が同年七月に行った意見具申「ボランティア活動の中長期的な振興方策について（意見具申）」（厚生省社会・援護局地域福祉課監修 一九九三）は、

これからの地域コミュニティが、福祉におけるボランティア活動を通じて福祉社会の基盤を構築すること、すなわち地域コミュニティが福祉コミュニティとして形成されていくことを期待するものであった。そして国の基本施策の大きな転換と呼応して、「参加型福祉社会」が来たるべき社会のあり方として称揚されるようになったのである。

しかし、この一九九〇年代の参加型福祉社会論は、政策立案過程や決定過程への市民参加という一九六〇—七〇年代型の参加論がめざしたものではなく、いわゆる「分権化」と「民営化」というキーコンセプトの下に福祉サービスの多元化というサービス供給過程に参加し、そして福祉マンパワーとして参加するという限定的な意味合いが強かった（安立 二〇〇五：一〇四—一〇六）。つまり、市民参加による福祉を担うものとして、本来的な意味でコミュニティ事業へ参加すること、換言するなら市民参加として福祉計画の計画・立案・決定・実施にかかわるのではなく、国家主導、行政主導の参加型福祉の提唱によって福祉サービスの供給過程への市民参加が誘われていったのである。ここに、市民の「参加」の義務的な要素を強調するという権力の方向性が垣間見られる。

## （二）社会的包摂と参加

今や、ＥＵを中心に福祉政策の基軸をなしているのは、「社会的包摂」という社会政治的理念である。それは課題としての社会的排除を対概念として打ち出されてきたものである。この概念は日本においてはもっぱら社会的ネットワークから外れてしまった者がコミュニティに関われるようにするための方策として、肯定的な意味合いで使われている。しかし、被排除層を社会に組み込むことをめざし社会参加させるという意味合いも込められており、社会保障費削減や社会的秩序強化といった国家の論理によって論じられていることに留意する必要がある。また、これに関連して社会的包摂が排除層を単に保護の対象とするのではなく、自立を促進し、社会的関係性を形成していくことをめざすアプローチであるため、給付より自立支援が自立への圧力を生み、同時に、自助努力、自己責任も求める国家の論理が見え隠れしており、自助努力しない者を自己責任の名において切り捨てる危険性があることが指摘されている。

社会関係が失われてしまう社会的排除自体もちろん問題であるが、社会的包摂が国家の論理で使われ、コミュニティにおけるシティズンシップの両義性が浮き彫りにされることに注意する必要がある。就労や納税といった義務を果たすことのできない、社会保障の給付を受けている市民は、二級市民となるが、彼ら／彼女らはコミュニティから排除され、差別されている。国家がコミュニティ政策として掲げてきているのは、まさに市民主体、住民主体による福祉活動への社会参加の促進であり、アクティヴ・シティズンシップを求める運動といってもいいだろう。これは渋谷望がボランティア活動に対して批判的に議論している「参加への封じ込め」問題を惹起させる。またネオ・リベラリズム、コミュニタリアニズム両派に共通して見られるシティズンシップの規範・義務の強調とも呼応しよう。

渋谷は、参加型福祉社会では、「個人の（地域）『コミュニティ』へのボランティア的——『無償』の——『参加』が『自己実現』の一環として称賛されている」とし、「『コミュニティ参加』の義務のテーマと『自己実現』のテーマは互いに交差しつつ、受動的なシティズンシップの条件から『活動』を核としたそれへと、シティズンシップの意味のシフトに寄与している」とする（渋谷 一九九九）。ポストナショナルな文脈において、シティズンシップは、いわばコミュニティとしての統一のための政策的な手段、原動力として用いられがちである。

### （三）限界集落と福祉政策

限界集落問題も都市問題として語られるようになっている昨今において、国の進めるコミュニティ政策は一九九二年の都市計画法改正と相俟って、まちづくりに対する市民参加の重要な要素となっている。ちなみに、二〇〇〇年代に入り過疎地域における集落維持・再生だけでなく、都市にも拡がる少子高齢化、人口減少の進行に対して、市民参加によるまちづくりが「新しい公共」、「公助から共助へ」、「市民協働」といった理念のもとに地域コミュニティの役割として期待されるようになっている。

たしかに、現実に、住民同士の助け合いがなければ成り立たない状況が目の前に拡がっている。一九七〇年代以降、国民生活審議会調査部会報告書「コミュニティ――生活の場における人間性の回復」（一九六九年）を機に、新しい都市コミュニティの創造を求める動きが見られた。実際、コミュニティモデル地区が設定された一九七〇年代以降、町内会・自治会等が地域活動を担う主要組織として重要な役割を果たしてきたし、二〇〇〇年代のコミュニティ再生に関わる一連の諸施策においても、依然として町内会・自治会が地域住民による最も代表的な包括的組織として期待されている。

他方、集落機能が衰退している集落において集落を維持するために必要となる福祉機能のことを「集落福祉」といい、厚労省が推奨して地域福祉への人材的活用の提唱もみられる。だが、隣近所の社会的ネットワークがまだ維持できている地域であっても、コミュニティ政策が期待をよせる町内会・自治会といった地域住民組織には、地域医療・福祉事業への関与は実際には難しく、交流の場を提供することはできても、それ以上踏みこんだサポートはなかなかできない。せいぜい独り暮らし高齢者世帯の見守り活動があるくらいである。社会福祉協議会が「ふれあい・いきいきサロン」等を展開しているが、都市部では結局町内会役員の意識、活動力に期待し依存している部分が大きい。もっとも、高齢化が急速に進みつつある都市部では、町内会の衰退が進んでおり、こうした活動が同じように展開できるかといえばかなり疑問を抱かざるを得ない。

## おわりに

本章では、グローバル化によって分断される社会的なものとその再生をめぐって、ポスト福祉国家におけるコミュニティのありようをシティズンシップ論を軸に考えてきた。そこでは、ナショナルな枠組みで語られてきたシティズンシップの諸権利が、グローバル化のなかでポストナショナルなシティズンシップの表出とともに、いかなる課題を抱え、どのような転回をみせてきたのか、そしてそれは都市コミュニティにおける福祉諸問題とどのように関連するのか、という点が議論の中心をなしてきた。

考えてみるにアイデンティティや参加において焦点となっているのは、シティズンシップのあるべき領域である。斉藤日出治は、都市研究の議論として、近代産業都市が「国民国家による市民社会の組織化にとっての媒介」として機能し、なかでも本来多様性のある不均質な人々によって構成されている首都が、「政治的、文化的、経済的に均質な国民として組織するための場」となってきたとしている（斉藤一九九八：一〇〇）。しかし、今日の多民族が流入し混在している世界都市においては、もはや国民国家による社会統合が不可能であるから、「多言語、多民族、多文化の人々が共生する都市の市民権を独自にうちたて、都市の論理による社会形成の理念を再構築する」必要があるとも論じている。そして「都市」は新しい市民権をつくり、新しい市民社会、あるいは公共的空間をつくる場であると主張している（同前）。

他方、グローバル化時代における都市のあり方として、吉原直樹は「市民を一つにまとめあげる『社会』の力が弱まって」いて、「国民と国家と市民の間に以前ほどの連関が存在しない」と指摘し（吉原二〇〇六：五）、「グローバル化のもとで都市が新たな社会的含意をになって再『出現／登場し』」、「『社会を越える都市』が社会の前に躍り出ている」と論じている（二〇〇五吉原：六）。続けて、シティズンシップに関し、旧来の「社会／国家のなかの都市」において、ナショナルなシティズンシップがコミュニティにおける平等性を担保することで国内や「社会」における格差、不平等の縮減にはたした役割を認めつつも、しかし「社会を越える都市」においてはそれが必ずしも有効ではないとして、ポストナショナルなシティズンシップのありようを検討している。

本章では、結果的にポスト福祉国家‐福祉社会におけるポストナショナルなシティズンシップを論考するかたちとなったが、特に浮き彫りになったのは福祉国家体制というナショナルな枠組みのなかで確立してきた社会的シティズンシップのありようであり、結局のところポストナショナルな参加論である。ナショナルなシティズンシップからポストナショナルなシティズンシップへの議論が模索され始めている現在においても、福祉国家体制下の社会的シティズンシップの限界は明確な形で克服されていない。だからこそ能動的な社会的シティズンシップのありようが、今後のシティズンシップ論の焦点となるだろう。

これまで都市研究におけるシティズンシップ論が指し示す方向性を検討してきたが、今後も都市における市民主体の新しいシティズンシップの模索が続けられるであろう。そしてそうした模索とともに、少子高齢化、人口減少という社会変動のなかで差し迫った福祉の課題への対応策として、繰り返しコミュニティへの市民参加、住民参加を強調するコミュニティ政策が打ち出されてくるだろう。こうした国家の動向と、都市はどう折り合いをつけていくのか、そのせめぎ合いもまた続いていくに違いない。

現実に立ち返れば、コミュニティ政策として市民参加、住民参加による地域づくりがのっぴきならない段階にきており、再審が迫られていることは否定できない。しかしながら、それが国家権力による意図的な福祉コミュニティの検討にとどまるのであれば、これまでの行政主導型の参加論の繰り返しに終わるであろう。結局、グローバル化のなかで社会的排除と包摂とのバランスをいかにとるかということになろうが、既述したようなコミュニティにおけるシティズンシップの両義性を見据えながら、当事者主体性の確立に向かうようなコミュニティの形成をいかに達成するか、またその過程でシティズンシップをいかに再審し再確認するかが求められることになろう。

**註**

（1）本章では、一般に「市民権」、場合によっては「市民性」などと訳されているcitizenshipを「シティズンシップ」と表す。伊藤周平、斉藤日出治、樽本英樹らは「市民権」と表記しており、本章で引用する場合には原文のまま引用するかたちをとる。
（2）ターナーやソイザルはpersonhood（人格的個性）という表現をもちいて議論している。
（3）社会的シティズンシップと参加の議論に関する議論は、主に伊藤周平（伊藤一九九六：一八三―一八六）

による整理を参考にした。

## 参考文献


Bauman, Z. (1993) *Postmodern Ethics*, Oxford: Blackwell.

Brubaker, W. R. (1989) 'Membership without Citizenship: The Economic and Social Rights of Noncitizenhip', in Brubaker, W. R. (ed.), *Immigration and the Politics of Citizenship in Europe and North America*, Lanham, MD: University Press of America.

Delanty, G. (2000) *Citizenship in a Global age*, Buckingham: Open University Press.（ジェラード・デランティ『グローバル時代のシティズンシップ――新しい社会理論の地平』佐藤康行訳、日本経済評論社、二〇〇四年）

Habermas (1998) *Inclusion of the Other: Studies in Political Theory*, Cambridge, MA: MIT Press.

Hammar, T. (1989) 'State, Nation, and Dual Citizenship', in Brubaker, W. R. (ed.), *Immigration and the Politics of Citizenship in Europe and North America*, Lanham, MD: University press of America.

Heater, Derek (1999) *What is Citizenship?*, Cambridge: Polity Press.（デレック・ヒーター『市民権とは何か』田中俊郎・関根政美訳、岩波書店、二〇〇二年）

Held, D. (1995) *Democracy and the Global Order: From the Modern State to Cosmopolitan Governance*, Cambridge: Polity Press.（デヴィッド・ヘルド『デモクラシーと世界秩序――地球市民の政治学』佐々木寛・遠藤誠治・小林誠・土井美徳・山田竜作訳、NTT出版、二〇〇二年）

Hall, S. and D. Held (1989) 'Citizen and Citizenship', in Hall, S. and Jacques, M. (eds.), *New Times*, London: Lawrence and Wishart.

Lenoir, R. (1974) *Les Exclus: un Francais sur dix*, Paris: Le Seuil.

Marshall, T. H. (1963) *Sociology at the Crossroads and other essays*, London: Heinemann.
——(1965) *Social Policy*, London: Hutchinson.
——(1981) *The Right to Welfare and other essays*, London: Heinemann Educational.（T・H・マーシャル『福祉国家・福祉社会の基礎理論』岡田藤太郎訳、相川書房、一九八九年）
Marshall, Thomas H. and Tom Bottomore (1992), *Citizenship and Social Class*, London: Pluto Press.（T・H・マーシャル／トム・ボットモア『シティズンシップと社会的階級——近現代を総括するマニフェスト』岩崎信彦・中村健吾訳、法律文化社、一九九三年）
Moor, R. (1992) 'Preface', in Marshall, Thomas H. and Tom Bottomore, *Citizenship and Social Class*, London: Pluto Press.（マーシャル／ボットモア『シティズンシップと社会的階級』）
Parker, J. (1975) *Social Policy and Citizenship*, Oxford: Oxford University Press.
Pierson, C. (1991) *Beyond the Welfare State? The New Political Economy of Welfare*, Oxford and Cambridge: Polity Press.
Plant, R. (1985) 'The very idea of a welfare state', in Bean, P., Ferris, J., Whynes, D.(eds.), *In Defence of Welfare*, London: Tavistock Publications.
Robson, W. A. (1976) *Welfare State and Welfare Society*, London: Allen & Unwin.（W・A・ロブソン『福祉国家と福祉社会——幻想と現実』辻清明・星野信也訳、東京大学出版会、一九八九年）
Soysal, Y. N. (1994) *Limits of Citizenship: Migrants and postnational Membership in Europe*, Chicago, IL: The University of Chicago Press.
Schuck, P. H. (1989) 'Menbership in the Liberal Polity: The Devaluation of American Citizenship', in Brubaker, W. R. (ed.), 1989, *Immigration and the Politics of Citizenship in Europe and North America*, Lanham, MD: University Press of America.

Spicker, Paul (1984) *Stigma and Social Welfare*, Beckenham: Croom Helm.（P・スピッカー『スティグマと社会福祉』西尾祐吾訳、誠信書房、一九八七年）
Taylor, C. (1994) *Multiculturalism: Examining the Politics of Recognition*, Princeton, NJ: Princeton University Press.（チャールズ・テイラーほか著／エイミー・ガッドマン編『マルチカルチュラリズム』佐々木毅・辻康夫・向山恭一訳、岩波書店、一九九六年）
Turner, B. S. (1986) *Citizenship and Capitalism*, London: Allen & Unwin.
——(1989) 'Aging, Status Politics and Social Theory', *British Journal of Sociology*, vol. 40, no. 4.
——(1990) 'Outline of a Theory of Citizenship', *Sociology*, vol.2, no.2.
——(1993) 'Contemporary problems in the theory of citizenship', in Turner, B. S. (ed.), *Citizenship and Social Theory*, London: Sage.
——(2001) 'The erosion of citizenship', *British Journal of Sociology*, vol. 52. no. 2.
Urry, John (2000a) *Sociology beyond Societies: mobilities for the twenty-first century*, London: Routledge.（ジョン・アーリ『社会を越える社会学——移動・環境・シチズンシップ』吉原直樹監訳、法政大学出版局、二〇〇六年）
Urry, John (2000b) 'Global flows and global citizenship', in Isin, Engin F. (ed.), *Democracy, citizenship and Global city*, p. 62.
Young, I. M. (1989) 'Polity and Group Difference: a critique of the ideal of universal citizenship', *Ethics*, vol. 99, no. 2.（アイリス・M・ヤング「政治体と集団の差異」施光恒訳、『思想』第八六七号、岩波書店、一九九六年）
安立清史（二〇〇五）「地域福祉における市民参加」、三重野卓・平岡公一編『福祉政策の理論と実践——福祉社会学研究入門〔改訂版〕』東信堂。
石沢真貴（一九九七）「エスニシティとシティズンシップ——国民国家変容にみるシティズンシップ理論の考察」、

『東北大学教育学部研究年報』第四五集。

――（二〇〇四）「グローバル化時代におけるシティズンシップ――ポストナショナルなシティズンシップとローカリティの関係の構築に向けて」、『秋田大学教育文化学部紀要』第六〇巻。

伊藤周平（一九九六）『福祉国家と市民権』法政大学出版局。

――（二〇〇七）『権利・市場・社会保障』青木書店。

岩永真治（二〇〇五）「〔書評〕デレック・ヒーター著『市民権とは何か』」、『地域社会学会年報』第一七集。

岩田正美（二〇〇八）『社会的排除――参加の欠如・不確かな帰属』有斐閣。

岩田正美・西澤晃彦編著（二〇〇五）『貧困と社会的排除』ミネルヴァ書房。

菊池英明（二〇〇七）「排除されているのは誰か？――『社会生活に関する実態調査』からの検討」、『季刊　社会保障研究』第四三巻一号。

国土交通省（二〇〇七）『過疎地域等における集落の状況に関するアンケート調査結果（中間報告）』。

伊豫谷登士翁（二〇〇二）『グローバリゼーションとは何か』平凡社。

金田耕一（二〇〇〇）『現代福祉国家と自由』新評社。

厚生省社会・援護局地域福祉課監修（一九九三）『参加型福祉社会をめざして』全国社会福祉協議会。

日本社会教育学会編（二〇〇六）『社会的排除と社会教育』東洋館出版社。

新原道信（一九九五）「〝移動民〟の都市社会学――方法としての〝旅〟をつらねて」、奥田道大編『コミュニティとエスニシティ』勁草書房。

斉藤日出治（一九九八）『国家を越える市民社会――動員の世紀からノマドの世紀へ』現代企画室。

――（二〇〇三）『空間批判と対抗社会』現代企画室。

――――・岩永真治著（一九九六）『都市の美学（アーバニズム）』平凡社。

佐々木寛（二〇一〇）「『グローバル・シティズンシップ』の射程」、『立命館法学』二〇一〇年第五・六号。

渋谷望（一九九九）「〈参加〉への封じ込め」、『現代思想』第二七巻五号（一九九九年五月号）。

武川正吾（一九九六）「社会政策における社会参加」、社会保障研究所編『社会福祉における市民参加』東京大学出版会。

樽本英樹（二〇〇〇）「社会学的市民権論の性能と課題――比較移民政策論と戦後英国の経験から」、関東社会学会『年報社会学論集』第一三号。

栃本一三郎（一九九六）『社会福祉における市民参加』東京大学出版会。

吉原直樹（二〇〇〇）「地域住民組織における共同性と公共性――町内会を中心として」、『社会学評論』第五〇巻四号。

――――（二〇〇二）『都市とモダニティの理論』東京大学出版会。

――――（二〇〇六）「ポストモダンとしての地域社会――『空間』と『場所』」、『地域社会学講座2　グローバリゼーション／ポストモダンと地域社会』東信堂。

吉見俊哉（二〇〇三）『カルチュラル・ターン、文化の政治学へ』人文書院。

# 第六章　都市空間と文化変容——場所のナラティヴをめぐる相克

高橋雅也

## 一　場所を物語ること——反転のモメント

### （一）はじめに——場所のナラティヴ

本章では、都市空間に身をおく諸個人が「自らが生き暮らす場所」に引き寄せて何事かを語るとき、その語りを「場所のナラティヴ」[1]と呼ぶ。そのようなナラティヴ様式の変化を都市空間の文化変容と位置づけて、この論を進めたいと思う。

これまで「場所」の議論は、場所を本質主義的にあつかう立場と、資本による空間形成の帰結としてあつかう立場がせめぎ合ってきた。すなわち、前者の立場は、場所に安定的なアイデンティティの資源を求め、後者の立場は、市場競争におけるローカルな諸価値の商品化を指摘するという具合である。

こうした場所をめぐる二項図式は、私的‐公的、文化‐経済、そして場所‐空間などの構図に鋳直されて、前者から後者、後者から前者へと不断に反転を繰り返してきた。言いかえれば、脱〈全体化・中心化・コンテクスト化・公共化〉の動きと、コンテクストへの再埋め込みや再公共化の動きが、二つながらに進展している。

そこで本章では、人びとが場所のナラティヴを紡ぐことは、都市空間が抱えるディレンマ状況への応答なのではあるまいか、という問いを提起したい。ディレンマとは、まさに場所をめぐる二つの立場の相克であり、それらに立脚した社会的実践の相克である。

こんにち、そうしたディレンマの処方箋として、新たな社会像が模索されている。たとえば、緩やかで開放的な境界をもつ安心社会、(2) 多中心的なネットワーク、あるいは中心や始点・終点をもたないリゾーム的な社会などである。しかし、なお都市空間のディレンマは横たわっており、その両極を文化的なものを介して行きつ戻りつしている（吉原 二〇〇六）。筆者は、その媒介項のひとつが「場所のナラティヴ」であると考える。

さて、そのさい照準するのは、人びとが自らの場所感覚を表出したり、都市的な経験を対自的に捉え返したり、生活実感を構築的に呈示したりする様相である。さまざまな行為の主体が、選択的な行為の意義や正当性、動機などを語りだすときに、「場所」という資源を用いる局面、といってもよい。それでは、そうした自己言及的な営みと他者性の関係について検討することから始めよう。

## （二）ナラティヴと他者性

物語るという行為が、世界認識を獲得するために必要な作業であり、都市空間のディレンマにたいする状況論的な応答であるといえば、どこか内向きの自己物語に聞こえるかもしれない。しかし、たとえ「問わず語り」の類いであっても、ナラティヴが聞き手をどこかで意識した、宛て先のある言葉で構成されている点を疑う余地はない。

たとえばライフストーリー研究者が聞き手と話し手の非対称性[3]に敏感であり、インタビューの構築性をつよく意識するように、都市研究者も場所のナラティヴがだれに宛てられたもので、いかなる他者性に規定されているかを意識する必要がある。「人びとが生活史経験として語る社会観や歴史観は人びとが日常的に実践する、すぐれて社会学的・歴史学的思考の表現なのではないか」（桜井 二〇〇五：一〇）と考えてみれば、ごく個人的な場所のナラティヴも、話者が帰属する集団内／外の人びとや、同時代（または歴史的過去や未来）の人びとに宛てた現代社会分析のコメンタールなのである。

しかし、だれかに宛てて語るというナラティヴの他者性は、語りのなかで自分の経験を再構成するやり方に揺さぶりをかける変数でもある。聞き手を意識して語ること自体が、場所に普遍的な価値を見出そうとする営みを相対化するからであり、語り手にとって唯一無二の切実なアイデンティティを、揺らぎの只中にある「場所」と関連づけ、しかも相手に合わせて語ることは、自己物語のリスクとなりうるのである。

また、資本の論理による差異の消費では、移り気な他者と、その他者に媒介された自己のあいだで分けもたれるローカルな商品価値は、逆説的だがフレキシブルで可変的であるほど安定した競争優位を保つことができる。いわば、可変的＝安定的というねじれ構造のもとでは、都市空間の文化変容とは、場所のナラティヴにおける〈他者性の変容〉の別名なのである。少なくとも、そうしたモダニティの両義性は、都市空間で生き抜くために「語られる社会技術」として場所のナラティヴを読み解くことを要求する。それはモダニティの先鋭的な発現形態を都市に見出すにせよ、たんに都市性を「現代性」とみなすにせよ、不可欠な作業となるだろう。

それでは、人びとを物語行為へと動機づける都市的な機制とは何であろうか。都市化という概念を、「意識が織りあげられる場自体のあり方の変化」、「それらの場における意味作用を基礎づけている意味論的な構造の変化」（吉見一九九四：一八八）と定義するとき、都市がいかにして意味場となるのかを考える必要があるだろう。

### （三）意味空間の飽和――場所の〈出来事化〉

R・バルトは「都市は一個の言説（ディスクール）であり、その言説は、まさしく一個の言語活動」（バルト一九八八：一〇三）として、都市という意味空間を論じた。街路を行けば、ひしめく建造物の配列が固有の表情を呈するように、都市空間には無数の文脈が横溢している。建造環境にかんする限りでも、都市には「自然の時間‐空間を文化の意味作用に変える役割を果たす記号装置」（石田二〇〇三：一二六）が林立している。

都市生活者は、そうした記号に媒介された意味が交差し「出来事化」することで、物語行為へと動機づけられる。吉見俊哉（一九八七）の盛り場研究が教えるように、都市とは集合的な雰囲気が生成するドラマトゥルギーであり、流動的かつ濃密な「盛り」という出来事が本質を成している。出来事がなければ、都市は読む人のないテクストである。

また、記号とその指示する意味の対応関係が、幾通りも存在するのが都市である。このコードの複数性は、個別の都市や都市的生活経験、都市生活者としての自己をどのように語るかという物語様式をめぐって、覇権争いを生じさせる。そこでドミナンスを勝ち得た規範的な語り口は、およそ人びとの承認が得やすく、語り手にとって負荷が少ない。またそのような予測可能な語りは、聞く側にも負荷が少ないので再生産されていく。

ただし、そこでいうドミナンスは、その余白で決して沈黙することのない少数派の語りがもつ潜勢力にさらされている。すなわち、「生のプロセスを介して浮き彫りにされる場所のナラティヴ」（吉原 二〇〇六：一八）が、支配的な語りをつねに相対化する。たとえば、自分らしい消費生活を主体的にデザインしているつもりが、そのじつ、だれかの物語の口寄せにすぎない者たちの従属的なあり方を告発してやまない。

さて、意味空間としての都市が有する物語性を以下のように整理してみることができよう。まず、都市には人びとの営為と所産が数多くの点としてあり、それらは「出来事」という関数で表現される。その関数は、意味や語りの「コード」[4]というパラメータを含んでおり、これが自由に変化するなかで浮かび上がる包絡線が、都市の輪郭である。まさに都市は、少なくとも都市という「経験」は、出来事の物語行為を介して現出するのである。

しかし、そこで都市の輪郭は、あとから参照される対象となる。つまり、そこに包絡される関数へと自ら収斂していく営為とナラティヴの再生産が始まる。それは関数群の通過領域とそうでない余白を明確化する。そのとき、もうひとつの「都市」が対岸にあるのを知ることになる。そして、彼此の〈反転〉の可能性が、双方のナラティヴを活性化するのである。

## 二　場所のナラティヴの諸類型

### (一) 資源・美学・承認・生成の語り

それでは、じっさい場所のナラティヴは前述の都市的機制のもとでいかに筋立てられ、語られるのだろうか。試みに類型的に整理してみよう（高橋二〇一三：一七三）。

近代化の一形態としての都市化という社会変動を、生活上の多様な資源や機会を求めて地域を移動する人びとの人口集中現象と有り体にいうならば、まずそこに生じやすいのは「資源の語り」である。それは資源や機会の相対的に乏しい場所から、それらが豊富な場所へと移動する人びとの物語である。ときにはそうした資源の苛立たしいほどの過剰が、都会人の精神生活を特徴づけている。

他方、必要を満たすという位相とはちがう、都市の美醜にかんする価値判断を人はしばしば口にする。審美的で、フェティッシュな「美学の語り」である。たとえばR・バルトは映画館や映画を見る行為に特別な意味を見出し、「映画館の闇に先立って、主体を、街から街へ、広告から広告へと導き、ついに、暗く、匿名で、無関心の立方体の中に沈める。その中で、映画と呼ばれるあのもろもろの感情の祭典が催されるのだ」（バルト 一九八四：一〇〇）という。映画館の「都会的な闇」に入る前に、観客はすでに変性意識状態にあり、映画館から出てきた観客に、都市空間は「フェティッシュ化」した姿を現す（田中 二〇〇七：一二五）。都市小説などは、こうした美学的経験がモチーフになっている。

前者二つの語りでは、都市は論評や鑑賞の対象としての外在的環境であるが、より都市に内在した関係論的な語りが「承認の語り」[5]である。人びとは都市生活のなかで、自分にとって目的／価値合理的な集団から集団へ、関係から関係へと帰属先を選択的に乗り換えていく。それも都市における「移動」なのである。そのさい他の成員から承認されれば、それは幸いな包摂と受容の経験として饒舌に語られるし、拒絶されれば、うら悲しい排除と疎外の経験として訥々と語られるだろう。

また、そうした綾なす社会関係において、人は多様な財や価値、意味を生産する。反対にそれらを失うこともある。この「生成（喪失）の語り」は、事物の有／無を語る「資源の語り」とは似て非なるものであり、こちらも関係論的な語りである。

さて、ここまでの議論で見えづらいのは時間軸である。本来、都市に見る資源の有無、美学的価値、承認をめぐる関係形成、それを介した生成と喪失は、時々刻々と移ろうものではあるが。そこで明確に時間的な語りとして、以下「来歴の語り」について論じる。

### （二）来歴の語り——伝統の生動性

「来歴」という用語には論争的な背景があり、辞書的な字義で安直に用いることはできない（坂本 一九九四）。ゲマインシャフトから遊離した諸個人が、増大する不安とリスクに処する方法として、アイデンティティの資源を「国民の物語」に求めるといった傾向への危惧が盛んに論じられてきた（岩崎 一九九八、成田 二〇〇一）。

しかしそうした議論が、たんに保守への嫌悪感の表明に終始したり、人間がみずからのルーツに遡及しようとする根源的な態度までを矮小化したりする形になるなら、必ずしも生産的とはいえない。来歴の語りは、創造的に批判される必要がある。そこで、たとえば鹿島徹は、歴史と個人の結びつきについて考え抜くための道具として「伝統」概念の有用性を提起している。

鹿島はマッキンタイアを引きながら、「過去のおかげで現在役立てうるものとなっている未来の諸可能性」（マッキンタイア 一九九三：二七三）としての伝統に「生動性」を見出している（鹿島二〇〇六：一八六）。ここで可能性とは、良き伝統が枯渇することなく、ある種の世代間正義として伝承されることで、世代を越えて諸個人にもたらされる自由を指していよう。ただし、伝統の不自由さも可能性の一部として考えるとき、伝統がいつも居心地の良い家郷的なものとは限らず、過去との対決をともなった、現在の視点からする異化作用に晒されていることが分かるだろう。それこそが伝統の生動性に他ならない。

このような「支配的物語《マスター・ナラティヴ》を操作する者の手から『伝統＝伝承作用』を実質的に取り戻す」（鹿島二〇〇六：二四一）力をもった生動的な伝統は、たんに反動的なだけの来歴の物語を許容しない。むしろ、国民国家という統合空間の物語を語るのではなく、伝来の可能性を生きる日常的な実践をとおして限りなく異化されていく来歴の語りへと、人びとを動機づけるのである。そして、過去と各人各様に対決するナラティヴィスト[6]たちに、いくつもの新しい家郷を提供するような、重層的なナラティヴ・コミュニティとしての場所を形成すべきことを要求するのである。

こんにち、来歴の語りというものを、流動化する都市生活の安息地を求めるノスタルジックな営みや、異質性の高まる都市空間で似た者同士で寄り集まろうとする営みとばかり考えていると、ことを見誤るのではないか。来歴の語りは、それ自体、過去に生きた他者と傍らの他者による異他的な語りの双方に、物語的自己が勇んで切り結んでいく方法態度といえるのではないだろうか。

## （三）歴史都市の存立条件

生動的な伝統を語る切実な営みを向こうにおいて、歴史の商品化はやむところがない。もはや語られる歴史の真贋について、事実性／構築性の次元で検討することは、押しとどめようもないグローバル・ツーリズムの進展のなかで、やや無効化しつつある。他方で、世界遺産ブームにみられるように、正統なる審級[7]のもとでお墨付きをうけた真正性を希求する動きは、一定の価値規範を形成している。ただし、真正性を問わない者とそこに固執する者という主体の二分法では、この事象を読み解くことはできない。

ここで歴史的景観の保存活動を例に考えてみよう。情緒溢れる歴史都市としての町並み保存は、城下町や宿場町として発展してきた歴史をもつ衰退傾向の中心市街地では、地域活性化の定石になっている。しかし、それは「かつての環境をそのまま保存、ないしは再現した『本物の街』であるはずなのに、その土地に暮らす人は、生活感がない『偽物の街』としか評価」しないうえに、訪れる観光客には「学習の場」でしかないというズレが生じている（橋爪 二〇〇二：六八―六九）。だがそれは果たして、整合的に埋め合わされるべき乖離なのだろうか。

もとより、歴史都市における来歴の語りは、その歴史が商品化されるとき、ある困難を抱えることになる。商品化という過程は、魅力的な都市イメージが形成されて、浸透するまではナラティヴの定式化をともなう。けれども、先述のように、差異の消費のなかで競争優位を保つためには、ナラティヴは可変的でなくてはならない。この両立困難な定式化と可変性の担保という課題に、過去との対決としての「来歴の語り」を動員して対処せねばならないのである。それでも歴史や伝統が、そのような葛藤の現場である限り、そこに生動性は息づいているといえる。

そう考えてみると、歴史的景観はホストとゲストにとって、日常生活を相対化する参照点であれば十分ではないか。ホストである地元の商工業者や地域住民は、条例による建築制限や観光客による環境変化に不自由さを感じてみたり（客体化）、それでも観光開発としての保存は自ら選択した帰結であると納得してみたり（主体化）、揺れ動きながら日常生活を捉え返していく。他方、ゲストである観光客にとって、旅行はまさしく非日常であり、それが印象深いほど自らの住まい方を反省的に振り返るきっかけになる。その意味では、矛盾や混乱、トレードオフの関係にある問題群が混沌としたまま、不思議と破綻せずに生々しい均衡を保っていることが、触発する歴史都市の存立条件なのかもしれない。

## 三　ナラティヴをめぐる相克の諸相

### （一）伝統のルーツをたどる

ここまで、多様な語りを許容し、語りのネットワークに開かれた都市のナラティヴ状況を肯定的に論じてきた。しかし、それは「何でも語ればよい」という語りの文化相対主義とはことなる。そこで本節では、筆者が調査してきた都市祭礼を取り上げて、都市文化の継承をめぐるナラティヴの相克を実態的に論じることにする（高橋二〇一四）。

地域文化としての都市祭礼の担い手は、彼らの伝統が地元発祥のものであるより、中央に起源をもつことを誇る傾向にある。地域文化の空間的布置を、中央文化の時間的変遷に読みかえる視点（柳田民俗学の「重出立証法」）に立てば、中心的な文化の原型をとどめているのは周辺的な地方都市ということになる。

秋田県鹿角市に『花輪ばやし』という無形民俗文化財がある。八〇〇年以上の歴史をもつとされており、日本三大囃子[8]に数えられる。しかし近年、地域住民と専門家のあいだに、伝承の正統性をめぐる議論が起きている。花輪出身の研究者である小田切（二〇一〇）によれば、花輪ばやしは地域住民の手による連綿たる伝承とはいいきれず、芸者による演芸として発展し、道楽が嫌われた時代に下火になってからは、ボサマと呼ばれる盲目の音曲師たちが近在の村人に聞かせて回ったことで、戦後に再興が叶ったという。

同氏は地元商店街の自営業者で、文化財研究が本業ではない。花輪ばやしの起源を調査し、新聞連載を始めたとき、古老に中止するようたしなめられた。しかし彼は、京都文化の権威を笠に着るのではなく、真の伝承過程を知ってこそ花輪ばやしを誇ることができると主張してきた。幸い、それは徐々に受け容れられ、ボサマの存在と果たした役割を明記したことに喝采を送る人もいる。

そこには伝統の語りをめぐって、価値ある文化財は正統なルーツをもつという信念と、誠実な継承者はそのルーツを真摯に追究すべしとの規範が存在している。この信念と規範はときに齟齬をきたす。しかし、それは花輪ばやしを陳腐化させる矛盾ではない。

中世以来の歴史を語れば、花輪は歴史を貫いて町衆心性の豊かな都市として、担い手はつよい帰属意識と確かな結束力をもって表象される。他方、芸者とボサマについて強調して語れば、花輪は他者性に彩られた文化都市として、担い手はまさに「異質な他者」からのバトンを大切に受け継いだ者として表象される。花輪は二つのナラティヴをいたずらに対立させずに、伝統を活性化しているのである。

## （二）都市における擬制的先祖

産業都市の盛衰はめまぐるしい。しかし、都市発達史のどこかに栄華の記憶は刻印されている。また、伝統文化のあり方は地域の産業と無縁ではない。産業が変化すれば労働者も入れ替わるから、産業が隆盛を誇った頃の地域イメージを残すには、その時分の労働者が親しんだ都市祭礼を保存することになる。しかし、それらが文化財の指定を受けるとは限らない。伝承の系譜がシンプルであれば起源の遡及可能性が高まるが、多系的な発展を遂げた文化にも十分価値がある。伝統音楽の混淆性を、継承の乱れとばかり過小評価するべきではないだろう。

秋田県小坂に『小坂七夕』という伝統行事がある。小坂は（元）鉱夫たちが住むマチ部と田畑の広がるムラ部からなり、そのため小坂の七夕には、鉱山犠牲者の供養と豊年祈願の意味が込められている。七夕は小坂鉱山の生産量がピークを迎えた一九〇〇年頃に始まり、一〇〇年以上の歴史がある。当時、小坂には渡り鉱夫が多く、彼らは鉱山労働者同士の疑似家族的な組合である「友子同盟」に所属し、同盟のお墨付きを受けて、各地の鉱山を渡り歩いた。その渡り鉱夫が各地の祭礼を小坂に持ち込んだことで、小坂七夕は現在のような混淆的な祭りになったのである。(9)

小坂七夕のお囃子は楽器編成に特徴がある。笛、太鼓のほか、鉱石を運んだトロッコのレールを短く切って、鉦のかわりにしている。七夕が始まった一九〇〇年代初頭に輸入されるようになったハーモニカも取り入れている。近世以前の歴史を語る意図はそもそもなく、近代産業の威勢を反映した音楽であることを示している。

小坂は閉山以来、鉱業所の精錬技術による基幹産業を新たに立ち上げているが、過疎化の波はとても厳しい。その状況下で、かつて日本一を誇った鉱山町の地域イメージは小坂の貴重な財産になっている。そこでは、伝統のルーツをたどるだけでなく、擬制的先祖としての鉱夫がいかに働き、何を喜びとしてきたかを知ることが重要であり、それに有用な伝統は文化財でなくても継承するという考え方が共有されている。

鉱山町のナラティヴはじつに豊かであり、鉱山の恵みを分かち合って生計を立て（「資源の語り」）、友子同盟の信頼関係のもとで連帯し（「承認の語り」）、祭りを作り、町を育て、子を生み育ててきた（「生成の語り」）人びとの生活史が、そのまま小坂という場所の来歴を示している。それは地域住民にとって、最も美しい小坂は鉱山町としての小坂（「美学の語り」）なのであろう。それはすぐれて進歩的なノスタルジアである。

## 四　場所のナラティヴと空間のナラティヴ

### （一）都市のナラティヴ空間化

「語りえぬものについては、沈黙しなければならない」。このあまりに有名なヴィトゲンシュタインのテーゼが、物語論者のあいだで議論の的であり続けている（上村二〇〇二、高橋哲哉一九九五）。「到底語りえないものがある」という言語による表象不可能性だけを論じるのではなく、「そもそも語れない人がいる」としてサバルタンに注目し、歴史記述の政治性と倫理性を批判するものがある（野家二〇〇五：三六二）。さらに、「語りえぬもの」にもかかわらず無理に語らせて、出来事の再現を強いる「記憶の領有」の企てについて、その暴力性を批判する所論もある（岡二〇〇〇）。

　こうした批判は、いずれも、語りえぬ場所を語り尽くそうとする明け透けなナラティヴ空間を形成しようとする欲動に向けられている。ここでナラティヴ空間とは、場所を語り尽くす作法がストイックに彫琢される空間であり、空間のナラティヴとは言語表象の欲動にかられて、沈黙しない語り手が生み出す語りのことである。ナラティヴ空間では、語らないことを選ぶ（「選ばされる」）主体の存在が等閑視されており、「誰でも、何でもすべて語ればいい」といった全体性志向に懐疑が向けられている。他でもなく、都市空間の文化変容というとき、都市のナラティヴ空間化を念頭におかねばならない。

場所のナラティヴは、ときに沈黙のブラックボックスをリアリティの源泉とすることがある一方、空間のナラティヴはどんなときもリアリティのある語り方を模索する。ナラティヴ空間では、人びとは私的で稀少性が高い（とくに痛みや悲しみをともなう）[10]「他者」の経験や、共感／分有しやすい出来事の記憶にばかりリアリティを見出し、物語的消費に魅了されている。ひとたび共約可能となった私的ナラティヴは、一挙に「公共の物語」へと一般化されて、支配的な影響力をもつ。このような私化—公共化の両義性が、承認欲求のつよい現代人による自己物語の誘因になっているのである。ただ、言語描写に内閉した空間のナラティヴは、どれだけ周到に語っても言語の埒外に余白を残してしまう。

まさしく「物語りきれぬものは、物語り続けねばならない」（野家 二〇〇五：三六五）というテロスのない実践は、語り尽くせぬ経験と語れない他者の所在を、言葉で指し示しつづけることに他ならない。都市空間のディレンマを体現するのは、場所のナラティヴを介して経験の伝達不可能性を了解し、空間のナラティヴを介して表象不可能性にあらがう語り手たちなのである。

## （二）文響するナラティヴへ

以上の議論が、少しでも経験的な地平を照らすものとなるよう、物語的自己を取り巻く場所と空間の弁証法が示唆するところを、さいごに断章的に記しておこう。

第一に、生活主義批判である。資本と結びついた空間のナラティヴを生む「開発の論理」には、しばしば「生活の記憶」という語が対置されるが、地方都市のまちづくりなどでは開発行為にたいして対抗的な場所感覚をもつ者ばかりが、ノスタルジックに「生活者」として同質的に括りだされる傾向がある（結城二〇〇二）。しかし、まちづくりの担い手を資本の空間形成に加担しない物語的自己だけに限定するなら、これほど全体性志向が顕著なものはない。そのような意味で、空間のナラティヴが、生活主義的な素朴すぎる場所のナラティヴを相対化する契機をなしている点は確認しておきたい。

第二に、空間のナラティヴの異化作用である。右のように述べたが、資本の空間形成の方が全体性志向をもちやすいことは論を俟たない。開発主体はいずれも都市空間の包括的なデザインの指揮者であろうとするし、都市の多元主義的な相貌さえ計画的に演出するのである。ただし、都市が隅々まで資本描写[11]で描き尽くされたようでいても、描ききれない余白がある限り、いかなる開発も資本の論理とは別様の「異他的な描写」の在り処を予感させるものでしかない。空間のナラティヴが、（ときに反動的に）場所のナラティヴを蘇生させていること自体、その異化作用を示しているのである。

第三にナラティヴ過剰の問題である。都市空間の公共性の喪失がさかんにいわれるが、公共空間を「諸個人に外在しつつ諸個人を結合するような『間隔』や『距離』が存在する」場として定義するならば、それは「私」の固有性を元手に「私が誰か」を名乗りでることができる「現われの空間（space of appearance）」に他ならない（権 二〇〇五：七四）。つまり逆説的なことに、公共性の回復にはそうした都市空間の〈私化〉が前提条件になるのである。しかしながら、さまざまな場所と「私」の所在を洗い出すように語り尽くそうとする空間のナラティヴは、「不在の他者の現前化」（アーレント 一九九四）という政治的思考を欠いた私化に拍車をかけるリスクをはらんでいる。

ここにきて、交響するナラティヴへの樵路は半ばである。ただ、少なくとも必要なのは「語る／語らない／語れない私」による語りや沈黙が響き合う、空間の多声性であろう。それは他者を安易に諒解したり、自己と他者が交換可能であると考えたりはせず、場所と空間の往還に棹さして語る人びとの再帰的な営みに負っている。

## 註

(1) 本稿では一貫して「語られたもの」としての物語と、行為としての語りを区別して用いていることに留意されたい。なお、語りとナラティヴは等価に用いている。

(2) 同質的な階層の人びとが不安にかられて推し進めるような管理・監視社会の強化とはちがい、「開いて守る」(吉原 二〇〇七)という表現に象徴されるとおり、異質性を許容しうる協治型のコミュニティ像などがこれにあたるだろう。

(3) 聞き手と話し手のあいだには権力的な関係があり、語られたことをそのまま真意と受け止めることは難しい。インタビューの構築性に留意するためには、聞き手のポジショナリティをいつも明確にする必要がある。

(4) 被災都市の痛ましい様子が、これまで自明視されてきた都市的コードの「可視的な喪失」を人びとの目に印象づけるように、意味空間の〈成立/崩壊〉という契機が都市空間を出来事化した場所にかえ、語りの俎上にのせるのである。

(5) 諸個人が自らの問題解決のために政治的手段に訴える機会が減り、社会運動が社会的マイノリティの自己確証の経路となるなかで、剝きだしの生がリスクに晒されている昨今、「承認の語り」の重要性は増大している。

(6) 語り手にはハイ・ナラティヴィストとロウ・ナラティヴィストの区別(レイモン・ピカール)があり、物語の余白や外部を許容するか否か、その意味で、語りのネットワークに開かれているか否かで、物語行為のスタンスを弁別するものである。

(7) ローカル∧ナショナル∧グローバルという空間的な序列に対応する形で、市・県・国の文化財に指定されたら、つぎは世界遺産を目指すといった、近代主義的で直線的な発展志向をもつ担い手も少なくない。

（8）日本三大囃子は、他に京都祇園囃子、神田囃子が挙げられる。一九七四年に鹿角市無形民俗文化財、一九七八年に秋田県無形民俗文化財に指定されている。現在一二曲が伝承されているが、うち六曲が平安末期に貴族から伝わったとされる。「祇園」などの曲目もある。

（9）小坂七夕のねぷた絵師たちは、弘前や青森を中心に各所へ自主研修に出ては、絵の技術習得に励んでいる。他方、アニメキャラクターの山車なども数多くあり、取り組み姿勢や作品を見る限りでも、祭りの混淆性は明らかである。

（10）近年の文芸作品の特徴として、主人公の波乱万丈の人生において、生死に関わる悲劇が不自然なほど継起する「コンデンスライフ」が共感を集めている。どのような悲劇にも実社会に当事者がいることを考えると、これも「記憶の領有」とはいえまいか。

（11）大森荘蔵が「科学的描写」と「日常的描写」による世界記述を論じたことにならえば、資本の論理は一筆書きの「資本描写」で都市をデザインしていく。これに素朴な「生活描写」を対置する言論状況があるが、複数の筆致で重ね書きできるのが都市である。

**参考文献**


アーレント、H（一九九四）『過去と未来の間』齋藤純一訳、みすず書房（Hannah Arendt, *Between Past and Future*, London: Penguin Books, 1993 [1963]）。

石田英敬（二〇〇三）『記号の知／メディアの知――日常生活批判のためのレッスン』東京大学出版会。

岩崎稔（一九九八）「忘却のための『国民の物語』――『来歴論』の来歴を考える」、小森陽一・高橋哲哉編『ナショナル・ヒストリーを超えて』東京大学出版会、一七五―一九三頁。

上村忠男（二〇〇二）『歴史的理性の批判のために』岩波書店。

大森荘蔵（一九八一）『流れとよどみ――哲学断章』産業図書。

岡真理（二〇〇〇）『記憶／物語』岩波書店。

小田切康人（二〇一〇）『花輪ばやしのルーツは奥州平泉にあった』文芸社。

鹿島徹（二〇〇六）『可能性としての歴史――越境する物語り理論』岩波書店。

権安里（二〇〇五）「公共空間はなぜ、いかなる空間なのか――ハンナ・アーレントにおける公共空間をめぐって」、仲正昌樹編『ポスト近代の公共空間』御茶の水書房、六九―九七頁。

坂本多加雄（一九九四）『日本は自らの来歴を語りうるか』筑摩書房。

桜井厚（二〇〇五）『境界文化のライフストーリー』せりか書房。

高橋哲哉（一九九五）『記憶のエチカ――戦争・哲学・アウシュヴィッツ』岩波書店。

高橋雅也（二〇一三）「都市をめぐる物語行為への視角」、『埼玉大学紀要（教育学部）』第六二巻第二号、一六九―一七八頁。

――――（二〇一四）「都市祭礼における文化継承の規範的性格」、『埼玉大学紀要（教育学部）』第六三巻第一号、二四二―二五二頁。

田中純（二〇〇七）『都市の詩学――場所の記憶と徴候』東京大学出版会。

成田龍一（二〇〇一）『〈歴史〉はいかに語られるか――１９３０年代「国民の物語」批判』ＮＨＫブックス。

野家啓一（二〇〇五）『物語の哲学』岩波書店。

橋爪紳也（二〇〇二）『集客都市――文化の「仕掛け」が人を呼ぶ』日本経済新聞社。

バルト、R（一九八四）『第三の意味――映像と演劇と音楽と』沢崎浩平訳、みすず書房（Roland Barthes, *L'obvie et l'obtus*, Paris: Seuil, 1982）。

――（一九八八）『記号学の冒険』花輪光訳、みすず書房（Roland Barthes, *L'aventure sémiologique*, Paris: Seuil, 1985 [1967]）。

マッキンタイア、A（一九九三）『美徳なき時代』篠﨑榮訳、みすず書房（Alasdair MacIntyre, *After Virtue*, Notre Dame: University of Notre Dame Press, 1984 [1981]）。

結城登美雄（二〇〇一）「わが地元学」、『増刊　現代農業』（五）、一四―二三頁。

吉原直樹（二〇〇六）「ポストモダンとしての地域社会――『空間』と『場所』」、新原道信・広田康生編集『地域社会学講座2　グローバリゼーション／ポスト・モダンと地域社会』東信堂、五―二二頁。

――（二〇〇七）『開いて守る――安全・安心のコミュニティづくりのために』岩波書店。

吉見俊哉（一九八七）『都市のドラマトゥルギー――東京・盛り場の社会史』弘文堂。

――（一九九四）『メディア時代の文化社会学』新曜社。



〔追記〕なお、本稿は筆者自身による高橋（二〇一三、二〇一四）の一部を改稿した記述を含んでいる点を了承されたい。

# 第七章　都市と相互作用の世界

松本行真

## 一　東日本大震災がわれわれに問いかけたこと

東日本大震災は個人だけでなく社会に対しても、「低頻度大規模」災害に対してわれわれがどのように対応すればよいのかを考えさせる大きなインパクトを与えた。しかしながら、それへの適切な処方箋は示せているだろうか。各地で主に景観上の問題になっている防潮堤の問題や次世代エネルギー利用なども視野に入れたスマートシティ構想などは、敗北した（と考えられた）はずの工学・理学知を中心に据えた科学技術をさらなる高みへと（マクロのグランドデザインレベルで）昇華させようとする取組ともいえる。一方の人文・社会科学分野においては、仮設住宅を中心として現出した新しいコミュニティやそれにかかわるNPOやボランティアを論ずる現場レベルの議論から、反・脱原発などからこれからのあるべき社会を語るものまで多彩であるものの、ミクロとマクロの両側から「着々と築き上げる」工学などに対する有効な批判になりえていない。

理由の一つとしては「現場のリアル」に迫り切れていないことがあげられる。例えば、今回の震災でもNPOなどの主に外部のネットワーク組織による支援が多数なされたものの、受け入れ側に視点を移せば旧来型の地域住民組織（町内会や消防団など）が復旧・復興の過程で受け入れなどの大きな役割を果たしていた。しかしながら、ある理念や価値観に立脚した主義主張などの問題もあるのか、「他の条件を一定にして」その他諸々の条件を復旧・復興の論理の背後に押しやっている。もう一つあるとすれば、中範囲理論の展開が工学などへの有効な（建設的）批判になり得ていないことである。発災直後から今に至るまで「絆」や「コミュニティ」といった用語を人文・社会科学分野では注意深く使用する一方で、工学などの分野では比較的無批判に取り込んでいく。日々の現場において問題解決の成果を積み重ねていくこれらの知を、被災者は様々な感情を抱きつつも絆やコミュニティといったいわばマジック・ワードに変換し、「復興への証・かたちになるもの」として受容するに至っているのではないか。

ミクロだけでない、かといってマクロだけでない、両者を架橋する建設的な議論が特に社会科学分野に求められている。一つの方向は主に工学分野で論議されていた「危険」をどう論理に埋め込むかである。科学技術の領域では危険は想定内か想定外という、ある意味で「1か0」かの議論に集約される感があるものの、大切なのはその間の論理をどうとらえるかではないか。[1]本章ではこうした問題意識を基底にすえ、ミクロとマクロを架橋する試みの嚆矢としたい。具体的には場所から空間への遷移を生活と消費との相互作用の変化にもとめ、その背後にはわが国で戦後発展してきたマーケティングの論理とそれによって覆い隠された「危険」があることにもふれつつ、空間から場所への転回をみすえるためには、消費を生活にふたたび包摂させるとともに、「危険」を人びとのあいだに共有させるための論理が必要なことも併せて論じる。

## 二　空間と場所をめぐる生活、消費、危険

空間と場所の関係とそのとらえ方についてわが国を例にすると、バブル期に行われた都市開発はその崩壊とともに挫折したものの、今世紀に入り、東京都心を中心にさらなる大規模開発が立て続けに行われてきた。これは大都市だけに限ったことではなく、東日本大震災で大きな被害を被った地方都市や農村の至るところに郊外型のショッピングセンターがあり、さらには「その土地の看板」となる駅前も同じような駅ビル、ペデストリアンデッキ、バスターミナルで構成され

ている。

これらはいわば場所の無個性化――「没場所性」（レルフ 一九九九）――ということになるが、こういった現象を推し進めていったのは、マクロの視点では産業資本の論理、ミクロの視点に降り立てば生活者、消費者のニーズである。

マクロの視点における無個性化はシェア拡大を達成するためのプロセスによる帰結であり、流通（とディベロッパー）企業が主なプレイヤーになることが多い。彼らは自社シェアの源泉となる売上を増加させるための原則である「客数」と「来店頻度」を増加させるために、機会があると思うところに出店し、来店客を飽きさせないために様々なテナントやイベント（安売りセールが典型例）を用意する。しかしながら、同業他社も同じような戦略を採用するため、出店した商圏内に同じような店舗が立地すると、それまでの客が新店舗に流出することが多く（ハフ・モデル）、競争の末に退店していく。退店問題は各地方都市で問題となっているが、ここで論じたいことは退店という経営上の意思決定＝表象をつまびらかにすることではなく、その基底になにが横たわっているのか、具体的には産業資本の論理が空間と場所に与える影響、退店の連鎖といった現象により逆に利用者側が被る不利益にかんする将来予測の不在、などである。[2]

シェアには面的なものと人びととの心によるものとのふたつの側面があるが、企業はこれらシェアの拡大にむけた競争を行い、産業資本の拡大志向が大量生産と消費を生み出していく。後者は利用者の視点である。本来ならばまずは生活者と消費者、もっといえば生活と消費について、より慎重な考察を行わねばならないが、それについては後に言及することとして、ここではショッピングセンターなどの商業施設を使う利用者に焦点を定める。さて、出店や退店はそこを使う利用者が——直接的にも間接的にも——決める。経済学的な表現を使えば、合理的な利用者は自身の所得をはじめとした諸制約の下で効用を最大にするためにさまざまな選択を行うが、実際の利用者もたいていこの論理で動いて、企業もそれに対応する戦略を立てる。空間や場所といった要素は巧妙に、利用者の選好や企業の生産関数などに組み込まれているのだが、最近まではそれらの変数を考慮に入れることが難しかった。(3) 何故というと、「大競争時代」といわれる時代のなかで、企業はグローバル（大局的）な市場拡大の機会を見込む一方で、逆にさまざまな競争に直面し、ローカル（局所的）な展開がいわば産業資本の論理により——主に低価格の提供を目的にしたコスト競争の継続が——困難になったからである。

これらはほぼすべて、利用者のニーズによる帰結である。それではこのニーズとはいったい何なのだろうか、いつそれが表出するのか。さまざまな見方はあるが、「ギャップ＝差異」を埋めようとする意識——ウォンツ——がニーズを生み出すとすれば、その差異の規準となるのが個人的なものであり、また社会的なものでもある。マーケティングはこれらの差異「感」を認識させるためにさまざまな手法を開発してきた。

利用者はかくして差異を認識し→ニーズを感じ→ニーズを満たす製品・サービスを購入・利用し→満足／不満足を得る……というプロセスをたどることになる。そのような利用者たちはどこかに住んでいたり働いていたり、それこそ、どこかでこれらの製品・サービスを購入・利用しているが、このプロセスにおいて「どこかで」はどこに入り込むのだろうか。この問題を解きほぐすために、生活と消費の関係を考えなければならない。生活は人びとの活動の総体[4]であり、労働といった生産活動や当然ながら消費もそれに含まれる。また、生活についてもう少し付け加えると、それは「人間としての生命を維持し発展させていくための全過程、自分を再生産していく過程そのもの」(天野 一九九六、一二八)といえる。生命を自身の再生産のための消費として位置づけていることから、消費は生活に含まれるとして、そういった人たちを「生活者」としている。天野の議論を展開すると、消費がモノやコトを「客体」として購入したり利用したりすることにとどまるのに対して、生活はそれらを包摂している。

それでは生活と消費、空間と場所はどのようにかかわってくるのだろうか。間宮はそれらの関係を土地と場所に重ね合わせ次のように論じている。「生活は空間の中で営まれるのに対して、消費は空間を前提としていない」（間宮 一九九九：二六七）。この議論にひきよせれば、前者は場所であり、後者は空間といわれるものになろう。つまるところ、消費は没場所な活動ということである。間宮はさらに続けて、外と内の境界にある「のりしろ→共」領域について論じている。「内部は親密な私的性格の強い空間、外部は開かれた公的性格の強い空間」（間宮二〇〇〇：一二八）を敷衍すると、生活‐外と消費‐内といった相互依存関係が消失した領域、すなわち空間と化したのではないか(5)。

さらに、移動手段やメディアの発達とあいまって、「時間‐空間の圧縮」（ハーヴェイ 一九九九：三〇八）がせり上がってくる。具体的には、「画一化と多様化の過程を、空間的境界が重要でなくなるにつれて空間内の場所の多様性について資本が敏感になり、資本をひきつけるために場所を差異化しようとする誘因が働いて生じる」（ハーヴェイ 一九九九：三八〇）というように、これらの変容が人びとの時間と空間の感覚をも変化させる。

換言すれば、生活はいわば時間をインテグレート（積分）する、何らかの時間や空間の幅をもった活動であり、消費はお金（貨幣）という単位で自身の活動をディファレンシエイト（微分）する活動であるととらえなおすと、必然的にそれは時間・空間の幅がない――あったとしても限りなく小さい、すなわち「時間と空間の圧縮」――のであり(6)、この時間の感覚が「危険」に対する人々のとらえ方にも大きな影響を与えたのである。
　この「危険」についてフランク・ナイトの定式化を（少し変えて）用い、「確実性のあるリスク」と「不確実性が大きいクライシス」としよう。[7] 前者については何らかの確率分布に落とし込めるという意味では想定内のことであり、後者は想定外となる。これを人びとの時間感覚へと転換すれば、リスクとは時間が限りなく0に近いもの、クライシスは何らかの時間幅があるものとなり、前者と後者では対応が必然的に異なる。本来ならば両者の危険が人びとや社会で認識されるはずのものであるが、ある側面では科学技術の進歩、そして上述した生活と消費、空間と場所における関係の変化がクライシスをリスクの背景に追いやってしまったために、人びとはクライシスを感じにくくなったといえるのではないか。先の議論に引き寄せれば、時間に対する感覚が縮退することで、短期的に利益を享受することはわかっても、中長期的には不利益を被ることを想定していなかった／できなかったのではないか。[8]
　何故にそのようなことに陥ったのか。企業が市場に提供する製品・サービスは主にマス・メディアによって利用者に認知されることが多い。利用者の認知→関心→購入といったプロセスにおいて、マーケティングは大きくかかわっているが、マーケティング活動のもたらす帰結そのものが実は製品・サービスの「コモディティ化」[9] であり、ここに産業資本がいわば背後からあやつる、消費のグローバル化がたちあらわれてくる。このように、消費がマーケティングの手に落ちたとき、マーケティングそのものが商品のコモディティ化を推し進める性質を持っているために、その消費は個人というミクロレベルでは差異を競っているものの、集団や社会といったマクロレベルでは必然的に同質化し、消費のグローバル化が推し進められていく。そして、これに符丁をあわせるかのように、インターネットをはじめとした新しいメディアとツールの出現とその急速な進展が、この動きをますます加速させて、それとともに人びとの時間にかんする感覚を限りなく小さくさせることになり、危険、特にクライシスを覆い隠してしまったのである。

さて、地方に住まう人たちの「都会へのあこがれ」を少し考えてみよう。ローカルで展開される製品・サービスよりも、マス・メディアとマーケティングによって、いわば一方向的なベクトルで織りなされる、グローバル＝都会のイメージをもつ製品・サービスが（特に地方に住まう）人びとの欲望を喚起させ、その帰結として消費の同質化をもたらす。[10] しかしながら、東日本大震災よりさらに前、リーマンショック前後にも食の安心・安全への高まりを契機として、「地産地消」への動きがすでに顕著になっていた。これはまさにまなざしがローカルへと転回したことにほかならないのだが、一方ではこの「地産地消」の越境も同時に起こっており、事は単純ではない。「場所のまわりに線を引くこと」（マッシー 一九九三：三九）のような場所感覚における「線引き」

や「境界」の意味が大きく変わっている。

ただし、危険を鍵語にこれらの基底に視点を移せば、場所から空間への遷移のなかで、人々の間に横たわる危険も実質的なものではなく、形式的、記号的な存在に変わってしまったものといえる。危険の形式化・記号化という現象をコミュニティの次元に射影すると、「諸個人間における問題解決能力の低下」という帰結への人びとが抱く危険意識（主にクライシス）[11]のあらわれともいえ、ベック流にいえば「社会から切り離された危険」（ベック一九九八：三三）にたいする「危険の社会への再埋め込み」の試みが必要なのかもしれない。

いずれにせよ、上述のプロセスを経て、表層では没場所化が進み、基層では生活と消費の乖離が進んでいくことになり、このコモディティ化がもたらした「非」相互作用が結果として利用者の消費と特に中長期における危険意識の低下、さらには生活のダイナミズムを失わせていく。何故に、このような状況になっていったのか。次節ではわが国の戦後の生活と消費をめぐる関係について、マーケティングを視座にしつつ、論考を進める。

## 三　生活と消費の乖離——差異をめぐる暴走した相互作用

都市空間は人びとの活動によって編成される側面を持つが、それは活動の総体＝生活とその一部にある消費によるものといいかえることができる。[12] 本来、こうした編制は人びとの生活によってなされてきたものであり、その表象としての「職住接近」や「持続的な発展が可能なまち」を成り立たせてきたといえる。人びとの生活が都市における場所を形成してきたのであり、一方で場所は人びとの生活を規定するという相互作用が働いていたといえる。それでは生活ではなく消費が前面に出てくると、どういった帰結をもたらすのだろうか。

戦後、わが国ではアメリカ型のライフスタイルを実現するために、企業は製品・サービスの利用者にさまざまな働きかけを行ってきた（樋口 二〇〇五、二〇〇七）。戦後からこれまでに各企業はマス・メディアを通じて人びとに、結果として「外圧的」に、いわば一方的にこのライフスタイルを組み込もうとしたのである（樋口 二〇〇五：一九）。先にも論じたが、昨今の消費は更なる価格志向の高まりのほかに、「物語性」を取り戻す動きも増えている。[13] この要因はふたつあり、ひとつはそれまでの日本のライフスタイルの文脈から断絶した、「外圧的」経緯によって組み込まれたアメリカ型ライフスタイルであり、[14] もう一方は、ひとつめにかかわることであるが、生活から遊離した消費が「停泊点を失ってしまった」（樋口 二〇〇五：二六）ことにあり、これらが場所の同質化を推し進めるグローバルな産業資本の論理と軌を一にすることになったといえる。

さて、それまでの生活から「外圧的」に分断された消費は、どのような経緯で都市空間の編制にかかわり、そして今に至っているのだろうか。消費は何らかのコードを持っている（ボードリヤール 一九七九：六七）が、それらの束（単純和ではない）はいわば空間編制としての都市（空間の系）をつくってきたひとつの要素であるといえる。消費は諸個人自身に完結するもの（純粋な使用価値に限定されるもの）と、顕示的消費のような相互に関係するもの（ブランド消費）のふたつに大きく分けることができる。企業をはじめとした産業資本はマーケティング的な手法によって、人びとの欲望を喚起し、消費というかたちで顕現させ、それが空間を形成してきた。このニーズをいわば「先回りして」都市空間をつくってきた象徴的な例が、いわば「産業資本による都市空間の形成」である。[15] これを先の分類にあてはめれば、後者のブランド消費にあたるものである。[16]

ここで消費についてもう少し、ふみこんでいこう。前節でも論じたが、製品・サービスなどの利用者は、ギャップ＝差異を感じる→ニーズとして認識→製品サービスの認知→購入といったプロセスをたどる。この差異はどこから出来してきたのだろうか。差異を感じるためには規準が必要であり、この規準は幾層にも成っているものであるが、ひとくくりにすればそれは人びとが共有する「望ましさ」（西部 一九七二：一六四）であるといえよう。もう少しいえば、「望ましい＝ニーズを満たす」としてもよいだろう。つまるところ、人びとはこのような「望ましさ」を規準に差異を感じ、その差異を埋めようとするニーズを認識し、製品・サービスなどの購入を通じて自身のニーズを満たすために、一連の消費プロセスを行っていくのであり、それらのプロセスは誰に対しても「開いて」いることになる。ところで、共時と通時の視点からながめると、「望ましさ」とはその時々で共有される性質と、おのおのの時間で区切られた「望ましさ」の時間的蓄積とすることができる(17)。

ちなみに、ここで対象とする望ましさは、人びとのそれまでの活動のいわば——広い意味で——合理的な意思決定を経て形成されており、つまりそれは場所を包摂したものであるといえる。こう考えると、生活と消費、場所と空間のような一連の関係とそれらをめぐる相互作用が浮き彫りにされていくように見えるが、生活から遊離した消費中心の大規模都市開発は生活に根付いておらず、持続的な形成・発展に結びつきにくいのではないか。

生活からかけ離れたいわば浮遊した空間、何の印象も残らない場所。これらから生まれる違和感は何なのだろうか。これは生活と消費を乖離するふたつの大きな要因にあると考える。ひとつは差異化と記号化がそれ自身、自己目的化した動きであること、もうひとつは身体の自己所有から出来する（私的）所有権の問題である。

前者については、樋口（二〇〇五）がわが国のマーケティングを四つの時期に分け、その背景と変遷についての検討を行っている。第一期は高度成長期までのいわば製品・サービスの使用価値が重視された時代であり、それに従ったマーケティングが行われているのだが、第二期と第三期は安定成長からバブル期まであり、ある程度製品・サービスが行き渡ったなかでの記号による差異化戦略がとられたとしている。この段階においては、製品・サービスそのものの使用価値というよりは、「何か面白い」や「目立つ」などといったイメージが重要視されており、消費の発現形態も大きく変わったといえる。生活への有用性からの乖離といった視点では、ここで消費と生活の乖離がはじまったのではないだろうか[18]。そして、製品・サービスとのかかわりの延長線上で、都市の「使い方」も生活の場所から消費の空間へと変容してきたのである。

後者については、もう少し長いスパンでとらえる必要がある。自己の身体の所有権からはじまる私的な所有権の考えは、わが国でも、例えば農地解放といった改革や核家族化、個人化といったプロセスを通じて行きわたり、かつ細分化されていった。製品・サービスの分野でみると、例えばテレビは居間で皆によって共有されていたものが、現在では一部屋にひとつの個人所有、そしてシーン別[19]の所有（や利用）にまで細分化されている。こうしたごくミクロなことから入会地などのコモンズを持ち出すまでもなく、「共」領域の縮減／消滅は生活や消費にも影響を与えていく。このような「差異の差異」を求める過程において、細分化／個別化を通じて消費や生活は「閉じ」ていき、人びとの間の相互関係を生まない、いわば「孤立した」存在となる。[20]

さて、「危険」の視点でこれらの現象を解きほぐすと何がみえてくるのだろうか、第一には、差異の連鎖が危険を見えにくくするともいえる。差異の連鎖を通じて危険が分割されるにつれ、その危険の計算・評価が専門家の手中に収められていくのである。しかしながら、人びとにもそのニーズが（必要性がない、面倒であるといった理由により）あったともいえ、それらを基底に差異の連鎖といった構制が現れ出て、取り込まれていったのではないか。これは個人や（地域）社会による「危険計算・評価の放棄」である。本来なら、それは住民組織などが災害対応などをはじめとした将来に向けた危険対応を行っていた。[21]しかし、危険が高度に細分化・複雑化されたことも相まって、危険計算・評価に対する規範的な見方（ベック 一九九八：三七）も分化され、危険を確定する「分野間の溝を埋める協力関係」がそれらの定義をめぐる対立や争いにより崩壊してしまう[22]（同：三九）。

要約すると、危険を計算・評価する機能が共領域にあったときは人びとの危険感覚がはぐくまれ、その対応のための組織（中間集団）は形成されていたのだが、（結果としての）人びとのニーズの連鎖による生活と消費の分離、場所から空間への遷移、そして共領域の縮減／消滅がそこに住まう人たちの危険意識を低下させていった。しかし、これは「ニーズ」ということばが示しているように、人びとにとって共領域にある組織の重要性が低下したことの帰結であり、例えば被災地域における対応力の低さ（脆弱性）といった問題に至るのである。[23]

これら三重奏の基底に、先述した「外圧的な」アメリカ型ライフスタイルへの志向が互いに重なり合って、人びとの物語や地域へのまなざしが消失していったのではないだろうか。もう少しいえば、人びとは——モーリス＝スズキの表現を借りれば——「脅し文句」としてのこうした圧力を受けながら、差異が差異を生むという産業資本の論理が生み出す連鎖に巻き込まれていく過程で、諸個人間や場所との関係性の希薄化がもたらされるとともに危険はみえにくくなり、自分たちのかかわっている場所から意味は消去される、つまり危険が限りなく大きくなった空間に放り出されてしまうのである。ただしここで留意すべきは、これらは人びとのニーズから得られた帰結ということである。強制的にそうさせられたのではなく、人びとは半ば自発的にそうした空間を望んだのである。場所の空間化とともに、そこに「いる」人びとが巻き込んだり、逆に巻き込まれてしまう。こうした差異の渦に巻き込まれた人たちは、自身が行う消費それ自体によって生活という「停泊点」を失い、かつ細分化された消費による「閉じた」関係に逢着してはじめて、物語という停泊点やインターネットなどのメディアを使ったコミュニケーション、NPOなどのアソシエーションといった開いた関係を求めはじめているのではないか。差異とは他者との関係性によって析出されるものであるのに対して、差異のための差異といった連鎖反応がもたらしたのは、逆説的であるが、関係性と危険が（見え）ない差異だったのではなかろうか。産業資本は人びとのこうしたニーズを満たしてきたのであり、人びとの消費行動のレベルでは「自分探し」、東日本大震災にさいしては「絆」や「コミュニティ」が繰り返し喧伝されたのはまさに関係性がさしあたり表層的に求められていたことに他ならない。閉じた消費が互いのつながりを求めはじめて、生活の地平という「場所」にふたたび降り立とうとしているのではないか。

しかしながらその道程は厳しい。何故というと、「差異の差異」によってつくられる連鎖が他者との関係性を失うことで、差異そのものも孤立させるという、いわば「差異のパラドックス」のようなものが存在することによって、人びとはそうした空間を「それっぽく」感じ取ってしまうからではないだろうか。ここに空間の再場所化への困難のひとつが横たわるのである。

## 四　生活をどう取り戻すか――危険をめぐる討論の場所を求めて

本章では都市における場所から空間への遷移について、生活と消費の乖離や危険意識とのかかわりのなかで、いくつかの考察を進めてきた。「外圧的な」文脈により構築されたマーケティング活動が、生活から消費を乖離させたひとつの要因ととらえてきたが、それは（場所に根ざす生活者ではなく空間を使うだけの）消費者となった人びとが望んだことでもある。そして、製品・サービス消費の変化[24]が消費と生活との紐帯を弱くさせるとともに、共領域の縮減／消滅などが人びとの危険意識の低下をもたらし、それによって戦後のわが国の都市（だけでなく地方）は場所を失い（認識していないという意味で）危険が大きくなった空間と化したのである。

空間からふたたび場所への転回を図るためには、どのような準備が必要なのだろうか。すぐに思いつくのは、上記の「場所→空間」の機制を、「空間→場所」へと「逆回し」にすることである。しかし問題が単純なものではないことは、これまでの検討で明らかだろう。何故というと、消費が生活から遊離した要因やそのプロセス自体が、危険という社会への認識も含めた大きな相互関係――ゆらぎ――のなかにあるために、一方向的に戻すことは容易にできないのである。

一つの手がかりとしては、「危険」に対する当事者意識の回復・創出――具体的には防災・減災――への取組みが考えられよう。そこでふたたびベックの議論を引き寄せると、過去の階級社会における「欠乏の共有」（ベック一九九八：七五）から現代の危険社会の「不安の共有」への遷移で失われていった、不安を解消／緩和させるための問題解決能力をどう「場所」へ再定位させるのかがポイントとなろう。問題となるのは危険にかんする「知識というのは自分の経験からきたものではない」（同：八二）ということに起因した、「原則として他者の知識に依存」（同：八二）していることにある。換言すれば、当事者意識も形成されず、またローカル・ナレッジ（民衆知）として蓄積されないのは共領域の縮減／消滅に平仄があっているともいえる。

ベックは一つの方向として、「専門家同士による新たなネットワークを形成すること、分業化された仕事を統合して危険の入るすき間を与えないこと」（同：一一二）をあげているが、対象としているのはあくまでも危険を計算・評価する専門家である。この能力をわれわれ個人や社会に取り戻すには「サブ政治の影響力を一定範囲で育て法的にこれを保障する」（同：四五七）ことになろうか。換言すると、産業資本主義やマーケティングの論理とは（完全に独立はせずに相互依存的な関係をもつ）別の決定論理を場所に取り込むことといえるのではないか[25]。

例えば筆者が復興過程に一部かかわっている福島県いわき市沿岸地区でも震災後、復旧・復興だけでなく防災・減災への様々な取組みが行われており、いずれの地区においても行政ではなく地域住民組織が主体となった活動になっている。これらの地区は津波により甚大な被害を受けたことから、他地域に住まう元居住者たちに危険にかんする不安を解消させるのが(市内外各地に散住している)帰還者を増やすための課題となっている。住民にとっての不安は買い物・病院などの移動といった日常生活上のものもあるが、やはり大きいのは津波への対処方法である。ちなみにある地区では災害公営住宅への入居を隣組単位にするために独自の仕組みを構築し、また二〇一三年八月三一日に実施されたいわき市主催の防災・避難訓練も区会とその役員を中心に実施されている。こうしたところは震災以前にも一定形態の決定組織(ここでは区会やその傘下にある町内会)が機能していたのであり、その延長線上/発展形態として現在の姿があるといえる。そうした活動からみえるのは、地域に求められる問題解決能力をそこに住まう/かかわる人たちで育成することを通じて、共領域の創出や再構築をはじめる必要性である。

最後に空間から場所への方策に「デザイン」という鍵語を用いて、これまでの問題意識とあわせつつ、解きほぐしていくことで本章のしめくくりとしたい。

生活を取り戻すことを、ここではどう生活をリ・デザインするのかという視点で考えてみよう。大量消費社会からの脱却という「価値の転換」にさいしてデザインという考え方の重要性を示した向井は、デザインを「あるべき生活世界の形成」(向井 二〇〇八:二六八)としている。ここでの生活は「『生』の全体性」(同)をさし、それは「いのち(生命)」、「くらし(生活)」、「生きかた(人生)」で形成される(同：二六九)。いのちは「自然と人間文化の共生」(同)、くらしは「多元的な文化の共存」(同)、生きかたは「多様な個的共存」(同)をそれぞれの核として、いずれも「共」、つまり開いた関係が中心に据えられる。デザインの方向性として、向井は豊かさの再定義に向けた規準のひとつに「社会的共通資本」(社会関係資本、ソーシャル・キャピタル)をあげ、そのとらえなおしが必要だと論じている(同：二七三)。ふたたび空間から場所へというプロセスにおいて、外圧的ではない通時的な蓄積をどう見出す／つくりだすのか、そして開いた関係による共時的な「望ましさ」をどう形成していくのかという問題に対して、前者は社会的共通資本に、後者は生活にかかわっていくことがわかる。

前者についてはハードと制度をも含めたソフトの側面があり、二元論的に単純化することはできないが、いずれにせよ、生活とのかかわりあいにより社会的共通資本が形成・蓄積されるとすれば、生活のデザインを通じて社会的共通資本がいわば相互依存関係により形成されるといえよう。その突破口の一つとして考えられるのは「情報」のデザインではないか。ひとくくりにして生活に役立つ何らかの情報があるとすれば、その情報が伝達されるのは人びとの間で張りめぐらされたネットワークであり、その通時的蓄積の一表象が社会的共通資本となっていくことになる。

そのプロセスにおいて課題となるのが、どう「開いた」関係からあらたな「共」をつむいでいくか、そのための情報にはどんな要素が必要なのか、ということになろう。また、その情報には生きかた＝ライフスタイルにかかわることも含まれるだろう。ここでのライフスタイルは場所形成に向けた文脈内での生きかたをさしているが、それは単純に土着や同化といったことを強要するような内容にはなりにくいのではなかろうか。もしかしたら、「あらたな根づきかた」への方途がそこで示されることになるかもしれないし、そのさいの危険を軽減し、分散することが出来るような方策が人びとの討論を通じて出てくるのではなかろうか。

**註**

（1）防災ではなく、減災という概念は両者を架橋するアプローチともいえるが、そのためにはコミュニティの人文・社会科学的分析などへのいわばソフト的な視角が求められる。

（2）マインド・シェアやハート・シェア（コトラー／ケラー二〇〇八：四三二）。

（3）近年の反転した動向について註および次節以降で述べる。例えば外食・中食・内食志向などがある。地域密着型の食品スーパー、ファミリーレストラン・チェーンのセントラル・キッチンへの見直し、コンビニエンスストアによる「ご用聞き」、道の駅など地場産品の直売所などがある。

（4）還元された要素による単純和ではなく、各活動要素が相互に響き合いながら、ゆらぎのなかで形成されていく状態。

（5）議論の先取りになるが、このことは製品・サービスにおける「差異の差異」が究極的には、関係性のない／孤立した差異となってしまうことと相同している。

（6）しかし、消費という活動を文脈化する動きも当然ながら、ある。少し古い例になるが大型バイクのハーレー・ダビットソン・ジャパンの取組があげられる。そこでは単純にバイクというモノを売るだけではなく、生活の中にどう定位させるかという「ライフスタイル・マーケティング」を行っている。「乗る」、「出会う」、「装う」、「創る」などという、所有により得られる感動体験を「ハーレーの十の楽しみ」として、具体的に提示している。ハーレー・ユーザーはこういった体験をユーザー同士または販売店との交流により、いわば相互作用を生みだし、「物語」として析出させているのであり、これが他のバイクとの差別化として認知されている（水口 二〇〇八）。顧客とのリレーションを強化しながら、何らかの物語を共有する、ある意味で「場所性」を強化する典型的な試みである。

（7）ここでベックの危険社会にかんする議論（ベック 一九九八：七〇）を本論に引き寄せると、リスクについては極めて専門分化されかつ単純な仮定に基づく確率計算により「全知全能」感による実は「（確実に危険だが）不確実な安心」が得られ、クライシスについては上記の「危険」感覚の分割によって人々の視界の彼方に押しやってしまい、必然的にクライシスに対応する備えとその能力を低下させてしまう。金融工学というきわめて数理的には合理的な知を駆使してつくられたサブプライム・ローンはその典型であろう。

（8）空間と場所を対象にした歴史的時間と時計的時間にかんする論考は吉原（二〇〇四）を参照のこと。これは次節の議論とつながるのだが、差異が歴史的時間を時計的時間にしてしまい、人々の危険意識・感覚、具体的にはリスク／クライシスのうちでリスクが関心の中心になってしまい、結果としてそれをも差異が覆い隠してしまう。表層としての「危険意識の低下」がたちあらわれることにより、すべてを確率的に判断することが出来ると信じ切ってしまったのである。

(9) 各企業はシェア最大化を求めて最適な行動を選択するため、最善の結果はそうなる。

(10) このプロセスで私化（privatization）が地方にもあまねく拡がっていったのだが、その詳細についてはここではふれない。

(11) 以下では「危険」を主にクライシスの意で用いて議論する。

(12) もちろん、一対一の対応ではなく、多対多の相互依存関係である。

(13) 註6を参照。

(14) 先のハーレーの例であるが、これについてもアメリカ型のライフスタイルへのあこがれといった側面があることも否定できない。

(15) 付言すると、ここにも供給側と需要側の論理が存在する。後者の立場からみると、差異の消費への飽和状態による差異を生産するシステムへの関心が高まっていき（難波 一九九六）、場所を蕩尽するに至る。こういった需要者側のニーズをくみつつも、なかば需要者を「教育」した典型がセゾン・グループである（辻井・上野 二〇〇八）。

(16) ちなみに行政中心の都市計画は「上から」であるとともに、消費＝需要側の論理よりは供給側＝行政の論理が働いており、それはうまくいかなかったが、ここではふれない。

(17) ここで先のライフスタイルにおける「外圧」との関係でとらえなおすと、マクロ環境からの外圧（通時）と製品・サービスを購入・利用する人たちの心への圧力（共時）とすることができようか。本来ならば、これらふたつが互いに関係し合っていくものだが、通時的な外圧によりアメリカ型ライフスタイルが外生的に与えられ、そうした圧力がその時代の人びとの購買行動に影響を与えていく。こうしたプロセスを経て、人びとの「望ましさ」が形成されていくものの、ここで析出されるのは時間的蓄積によるものとは似て非なるものになる可能性が高い。何故なら、通時的な圧力から生まれた差異を所与として、共時的な差異が「外圧」として規定されていくのであり、これを起点とした相互作用は空回りする可能性が高いからである。もう少しいえば、諸個人レベルの「望ましさ」の脱文脈化が浸透し（脱文脈化の文脈化）、これがひとつの力となって通時的な蓄積を果たしていく。ここに停泊点を失った差異の暴走の芽があり、究極的には差異の規準が消失する。つまり、その時どきの自身の「望ましさ」が差異の規準となってしまうのではないだろうか。

（18）外圧的に与えられた通時的な規準によりもたらされた、人びとが共時的に感じる差異は、結果として差異それじたいを目的とすることにより、有用性が必要であるという過去の規準に依存しない——脱文脈化した——擬似的な通時的蓄積しか得られない。それらは通時的な差異と共時的な差異による相互作用のようにみえるが、それは対等な作用関係ではなく、あくまでも通時的な圧力（外圧）による共時への作用であり、逆の作用は——働いたとしても——弱い。こうしたプロセスの繰り返しによって脱文脈化が進行し、文脈から逃れえた差異は差異それ自体を目的とする循環にはまりこんでいく。

（19）家の中、移動中などといったシーンごとに異なってきている。例えば、携帯電話やスマートフォンなどのワンセグ放送サービスである。

（20）これらは決して否定的にとらえる必要もないだろう。というのも、他人とつながるという生活上の必要性が低下したともいえるからである（浅羽 二〇〇八）。

（21）例えば頼母子講とそれを実現する共助体である。マイクロファイナンスは理念そのものは類似したものであるが、近年の動向によればやや異なった路線を拓きつつあるようだ。

(22) ベックの文脈では計算や評価を行う専門家についての対立や争いであるが、一般住民へとその対象を拡大してもその問題は同様に存在するだろう。

(23)「危険は資本主義的発達の論理から切断されるのではなく、むしろその論理を新たな段階に押し上げる」(ベック 一九九八：二九) や「産業社会は、産業社会によって解き放たれた危険を経済的に利用する」(同：三〇) というベックの論述を援用すれば、差異が危険を取り込み、また危険も差異を取り込むという相互作用によって、共領域が掘り崩され、危険への脆弱性を増大させることになるといえよう。

(24) 使用価値を重要視する姿勢から、企業の差異化戦略に飲み込まれた結果としてあらわれたイメージ志向、または徹底的なコスト削減を企業に要求する低価格志向への変化。

(25) グローバル競争といった経済システムだけに依存するのではなく、共存したかたちで別の経済システム「里山資本主義」を提唱する議論もある (藻谷 二〇一三)。これは脱成長社会に向けて別のシステムを提唱するラトゥーシュ (二〇一〇) や、その論理を奪い返すといった論調のハーヴェイ (二〇一三) よりも、より現実的な処方箋かもしれない。

## 参考文献


天野正子 (一九九六)「消費社会を行く」『「生活者」とはだれか――自律的市民像の系譜』中公新書。

浅羽通明 (二〇〇八)『昭和三十年代主義――もう成長しない日本』幻冬舎。

コトラー、P／K・L・ケラー (二〇〇八)『マーケティング・マネジメント』恩蔵直人・月谷真紀訳、ピアソン・エデュケーション (Kotler, P., Keller, K. L., *Marketing Management*, 12th edition, Upper Saddle River, NJ: Pearson

Education, 2006)。

辻井喬・上野千鶴子（二〇〇八）『ポスト消費社会のゆくえ』文春新書。

難波功士（一九九六）「広告化する都市空間の現在――西武流通（セゾン）グループの軌跡を事例として」『21世紀の都市社会学　第4巻　都市の空間　都市の身体』勁草書房。

西部邁（一九七五）「消費欲望の個人心理」『ソシオ・エコノミックス』中央公論社。

ハーヴェイ、D（一九九九）『ポストモダニティの条件』吉原直樹監訳、青木書店（D. Harvey, *The Condition of Postmodernity: An Enquiry into the Origins of Cultural Change*, Oxford: Blackwell, 1989）。

――（二〇一三）『反乱する都市――資本のアーバナイゼーションと都市の再創造』森田成也・大屋定晴・中村好孝・新井大輔訳、作品社（D. Harvey, *Rebel Cities: From the Right to the City to the Urban Revolution*, London: Verso Books, 2012）。

樋口紀男（二〇〇五）「マーケティングの論理」『商学研究』第二一号、日本大学商学部商学研究所。

――（二〇〇七）「マーケティングの所在――マーケティングにおいて『市場』とは何か」『商学修志』第七七巻第一号、日本大学商学研究会。

ボードリヤール、J（一九七九）『消費社会の神話と構造』今村仁司・塚原史訳、紀伊國屋書店（J. Baudrillard, *La Société de Consommation*, éditions Planète, 1970）。

ベック、U（一九九八）『危険社会――新しい近代への道』東廉・伊藤美登里訳、法政大学出版局（U. Beck, *Risikogesellschaft*, Frankfurt a. M.: Suhrkamp Verlag, 1986）。

藻谷浩介（二〇一三）『里山資本主義――日本経済は「安心の原理」で動く』角川書店。

マッシー、D・B（二〇〇二）「権力の幾何学と進歩的な場所感覚――グローバル／ローカルな空間の論理」加

藤政洋訳、『思想』第九三三号（D. B. Massey, 'Power-Geometry and a Progressive Sense of Place,' in Bird, J., B. Curtis, T. Putnam, G. Robertson and L. Tickner (eds.), *Mapping the Futures: Local Cultures, Global Change*, London: Routledge, 1993）。

間宮陽介（一九九九）「公共性の衰退」、『同時代論――市場主義とナショナリズムを超えて』岩波書店。

間宮陽介（二〇〇〇）「グローバリゼーションと公共空間の創設」、山口定・神野直彦編『２０２５年　日本の構想』岩波書店。

水口健次（二〇〇八）『なぜハーレーだけが売れるのか』日経ビジネス人文庫。

向井周太郎（二〇〇八）「デザインの意味と転換の形成――基礎デザイン学からの提唱」『生とデザイン　かたちの詩学I』中公文庫。

吉原直樹（二〇〇四）『時間と空間で読む近代の物語――戦後社会の水脈をさぐる』有斐閣。

ラトゥーシュ、S（二〇一〇）『経済成長なき社会発展は可能か？――〈脱成長〉と〈ポスト開発〉の経済学』作品社（S. Latouche, *Pour Sortir de la société de consommation*, Paris: Les Liens qui libèrent, 2010）。

レルフ、E（一九九九）『場所の現象学――没場所性を越えて』高野岳彦・阿部隆・石山美也子訳、ちくま学芸文庫（E. Relph, *Place and Placelessness*, London: Pion, 1976）。

# 索　引

## サ行

## タ行

## ナ行

## ハ行

## マ行

## ヤ行・ラ行・ワ行

## A-Z

**菱山宏輔**（ひしやま・こうすけ）
1977年生まれ。鹿児島大学法文学部准教授。都市社会学、地域社会学。論文に「1960年代前半における東京都町内会の自治意識とその包摂——防犯灯問題から東京オリンピックへ」（『地域社会学年報』第26集、2014年）ほか、共編著に『移動の時代を生きる——人・権力・コミュニティ』（東信堂、2012年）。

**石沢真貴**（いしざわ・まき）
1967年生まれ。秋田大学教育文化学部准教授。地域社会論。論文に「グローバル化時代におけるシティズンシップ——ポストナショナルなシティズンシップとローカリティの関係の構築に向けて」（『秋田大学教育文化学部紀要』第60巻、2004年）、『グローバル化における地場産業の伝統技術と生涯学習——秋田県稲川町の川連漆器産業を事例として」（『日本の社会教育』第49集、2005年）ほか。

**高橋雅也**（たかはし・まさや）
1976年生まれ。埼玉大学教育学部准教授。地域社会学。共著に *Music and Law: Sociology of Crime, Law and Deviance* (18) (Bingley: Emerald Group Publishing, 2013)、共訳書にJ. アーリ『場所を消費する』（法政大学出版局、2003年）ほか。

**松本行真**（まつもと・みちまさ）
1972年生まれ。東北大学災害科学国際研究所准教授。都市・地域論。著書に『被災コミュニティの実相と変容』（御茶の水書房、2015年、近刊）。

**編　者**

**吉原直樹**（よしはら・なおき）

1948年生まれ。東北大学名誉教授、大妻女子大学社会情報学部教授。社会学。著書に『「原発さまの町」からの脱却——大熊町から考えるコミュニティの未来』（岩波書店、2013年）、監訳書にJ. アーリ『グローバルな複雑性』（法政大学出版局、2014年）ほか。

**堀田 泉**（ほった・いずみ）

1949年生まれ。近畿大学総合社会学部教授。社会学理論。著書に『モダニティにおける都市と市民』（御茶の水書房、2002年）、編著書に『21世紀社会の視軸と描像』（御茶の水書房、2004年）ほか。

**執筆者**

**大澤善信**（おおさわ・よしのぶ）

1953年生まれ。関東学院大学文学部教授。社会学。著書に『ネットワーク社会と空間のポリティクス』（春風社、2010年）、訳書にM. カステル『都市・情報・グローバル経済』（青木書店、1999年）ほか。

**笹島秀晃**（ささじま・ひであき）

1981年生まれ。大阪市立大学大学院文学研究科専任講師。都市社会学、文化社会学。論文に「SoHoにおける芸術家街の形成とジェントリフィケーション」（『日本都市社会学会年報』第32号）、“From Red Light District to Art District: Creative City Projects in Yokohama's Kogane-cho Neighborhood” (*Cities* vol. 33) ほか。

**高橋早苗**（たかはし・さなえ）

仙台白百合女子大学人間学部グローバル・スタディーズ学科准教授。社会学。論文に「都市は甦るか——不安感の漂うなかで」（吉原直樹・近森高明編『都市のリアル』有斐閣、2013年、所収）、「貧富の対照——H. W. ゾーボー『ゴールド・コーストとスラム』（1929）」（井上俊・伊藤公雄編『社会学ベーシックス4　都市的世界』世界思想社、2008年、所収）。

交響する空間と場所 I

開かれた都市空間

2015年 1 月30日　初版第 1 刷発行

編　者　吉原直樹・堀田 泉
発行所　一般財団法人　法政大学出版局
〒102-0071 東京都千代田区富士見 2-17-1
電話 03(5214)5540 振替 00160-6-95814
組版：HUP　印刷：平文社　製本：積信堂
装幀：伊勢功治


Printed in Japan
ISBN978-4-588-67213-2

関連書

※表示価格は税別です。

吉原直樹・堀田 泉編
**交響する空間と場所Ⅱ　創られた都市空間**　三八〇〇円

J・アーリ著／吉原直樹監訳
**社会を越える社会学——移動・環境・シチズンシップ**　五〇〇〇円

J・アーリ著／吉原直樹・大澤善信監訳／武田篤志・松本行真・齋藤綾美・末吉哲・高橋雅也訳
**場所を消費する**　四八〇〇円

J・アーリ著／吉原直樹監訳／伊藤嘉高・板倉有紀訳
**グローバルな複雑性**　三四〇〇円

M・カステル著／石川淳志監訳
**都市とグラスルーツ——都市社会運動の比較文化理論**　一四〇〇〇円

U・ベック著／東廉・伊藤美登里訳
**危険社会——新しい近代への道**　五〇〇〇円